室町アンダーワールド

垣根涼介
呉座勇一
早島大祐
家永遵嗣

宝島社新書

室町アンダーワールド

目次

序章

ダイジェスト応仁の乱

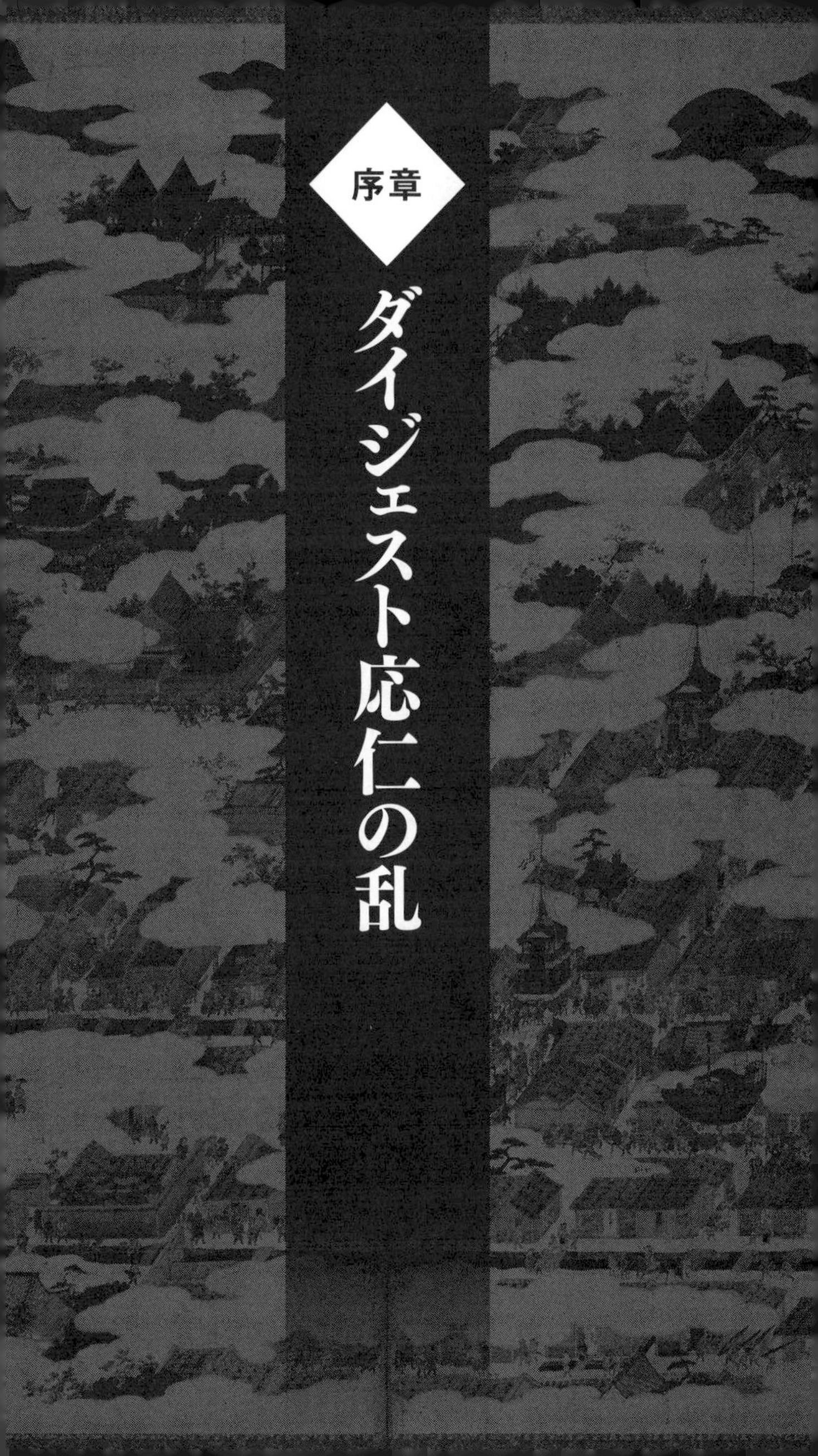

将軍義政の登場

嘉吉《かきつ》元年（一四四一）六月二十四日、六代将軍足利義教《よしのり》が、赤松満祐《あかまつみつすけ》によって暗殺される嘉吉の変が起きました。跡を継いで七代将軍となったのはまだ数え八歳の嫡男義勝《よしかつ》でしたが、義勝はわずか一年ほどで夭逝《ようせい》してしまったため、弟の義政《よしまさ》が家督を継ぎ、文《ぶん》安《あん》六年（一四四九）にようやく八代将軍に就任しました。

当初、将軍を補佐したのは管領《かんれい》の畠山持国《はたけやまもちくに》でしたが、三年後には細川勝元《ほそかわかつもと》が管領となります。しかし、義政政権の初期は、「三魔《さんま》」と呼ばれる義政側近の烏丸資任《からすまるすけとう》、有馬持《ありまもち》家《いえ》、今参局《いままいりのつぼね》が政治を差配していたとされています。

あらわになった対立の構図

享徳《きょうとく》三年（一四五四）、畠山持国の後継ぎをめぐって、持国の側室の子義就《よしひろ》と、持国の甥の弥三郎《やさぶろう》とが対立するようになります。畠山家中も二つに割れて争いましたが、やがて弥三郎は病死します。弥三郎を擁立していたグループはその弟の政長《まさなが》を押し立てて、義就派との対立を続けました。

当時、斯波《しば》家などの他の守護《しゅご》大名家でも、同様の家督争いが起き、被官《ひかん》（家臣）を二分する争いを繰り広げていました。各家の家督継承は、将軍の承認を必要としていましたが、義政は側近たちの意見に左右され、誰を家督として認めるかで意見をたびたび覆し、混乱を招いてしまいました。

幕府の首脳部では、細川勝元と山名宗全《やまなそうぜん》をトップにいただく派閥抗争が生じていました。勝元は畠山政長を支持し、宗全は義就をバックアップするなど、家督争いと幕府内の派閥争いが重なり、対立抗争をより深刻にしていきます。

将軍家においても、義政が将軍職を弟の義視《よしみ》に譲ると約束しておきながら、正室の日《ひ》野富子《のとみこ》との間に嫡男義尚《よしひさ》が生まれたために、家督争いが生じました。実子義尚を後継者としたい日野富子は、山名宗全に接近し、その勢力を後ろ盾にしようとします。

こうして応仁《おうにん》元年（一四六七）、東西二つに分かれた幕府、守護大名が対決する応仁の乱に突入します。

応仁の乱の勃発地となった上御霊神社（京都市上京区）

上御霊社の戦い

文正《ぶんしょう》元年（一四六六）十二月二十五日、畠山家の家督争いの一方の当事者、義就が山名宗全の招きに応じて大和《やまと》（奈良県）から上洛しました。家督争いの過程で幕府から討伐の対象とされていたのですが、日野富子の取りなしもあって、義政から赦免されていました。義就は、千本釈迦堂《せんぼんしゃかどう》（大報恩寺《だいほうおんじ》）に布陣します。

年が明けて文正二年一月二日、将軍義政は予定されていた管領畠山政長邸宅への訪問を突如取りやめ、義就に越中《えっちゅう》（富山県）・河内《かわち》（大阪府）などの守護職を安堵すると伝え、

【東軍諸大名関係図】(上)と【西軍諸大名関係図】(下)

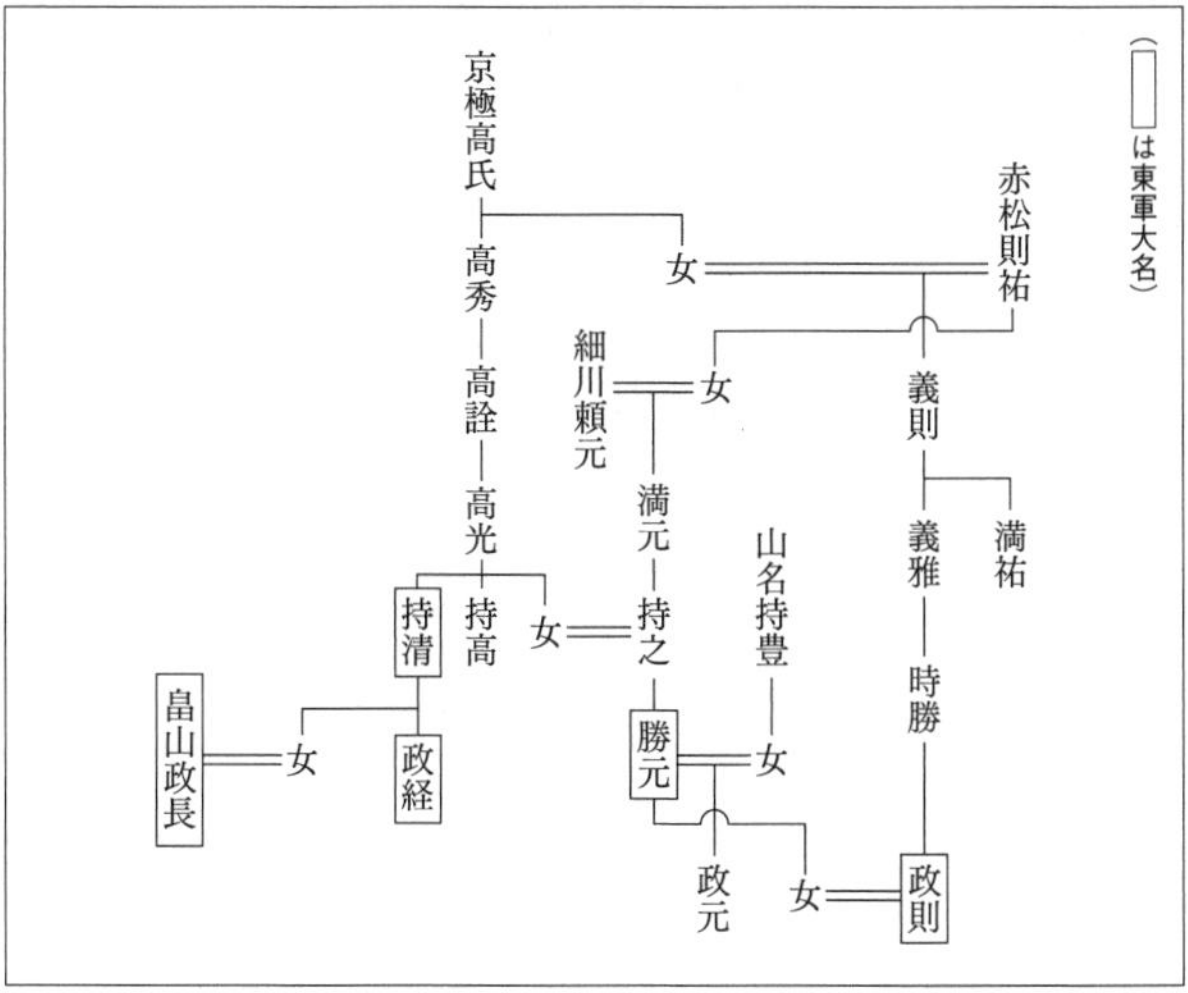

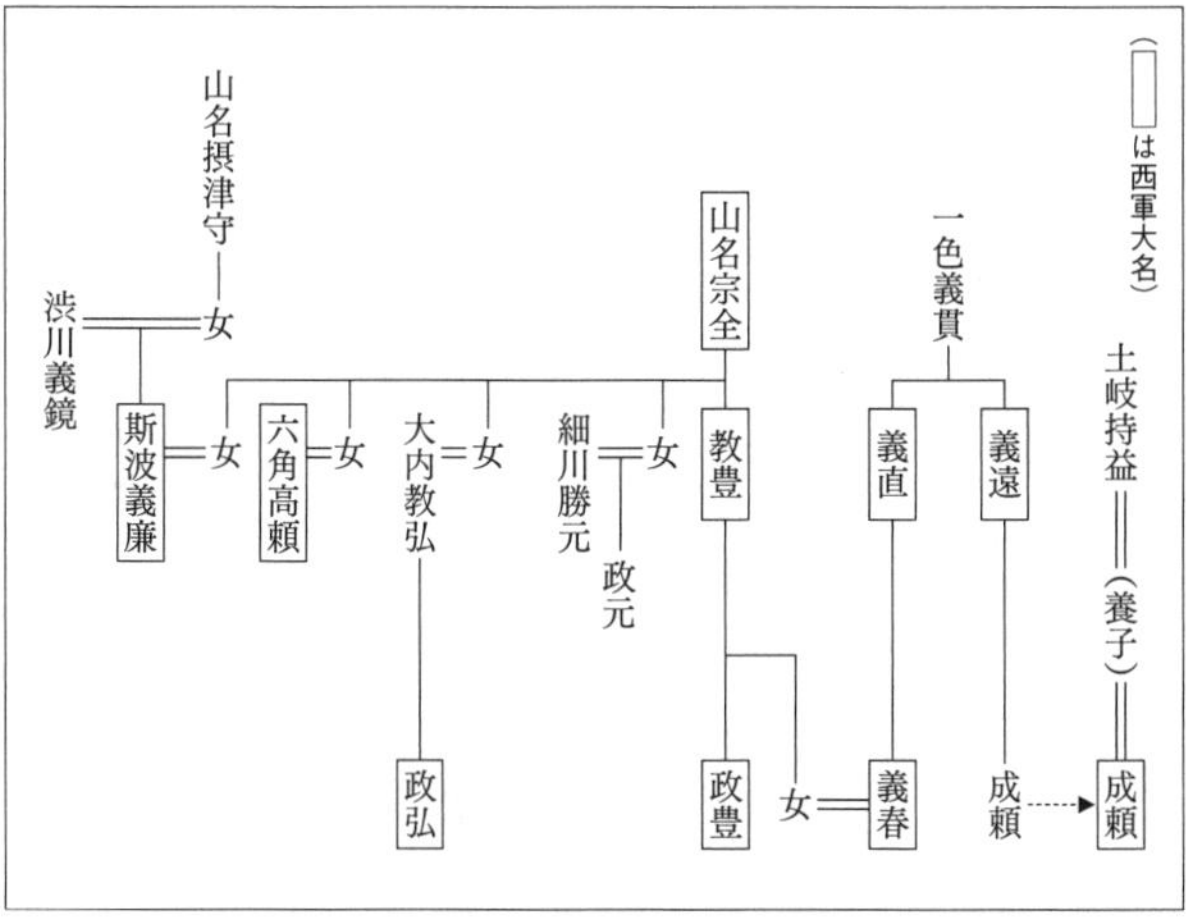

政長に屋敷を義就に明け渡すよう命じます。もちろん、政長が納得するわけもなく義政の命令を拒否したため、義政は政長の管領職などを罷免《ひめん》し、斯波義廉《よしかど》を管領に任命しました。

こうした事態を受けて、細川勝元、京極持清《きょうごくもちきよ》、赤松政則《まさのり》らは、義政に訴え出て、義就を討つよう進言しました。この動きを察知した山名宗全は、いち早く室町第《むろまちてい》（足利将軍邸）を固めて義政が身動きできないようにして、さらに義政の弟の義視の身柄も確保して室町第に迎え入れ、勝元らが義視に面会できないようにします。これにより、細川勝元を後ろ盾とする畠山政長は窮地に陥り、ついに一月十七日夜、自邸に火を放ち、勝元邸に隣接する上御霊《かみごりょう》社の森に布陣しました。翌十八日、義就は政長の籠もる上御霊社を攻撃し、深夜に至るまで戦いが続きました。応仁の乱の皮切りです。

これに先立ち、義政は諸将に対し、政長、義就のいずれにも加担しないよう命じていました。このため、反乱軍の汚名を恐れた勝元は政長から何度も救援を頼まれたにもかかわらず、出兵することができませんでした。その結果、政長軍は敗れ、政長は細川館に逃げ込んで難を逃れました。

東西両軍の正面衝突

上御霊社の戦いの後、東西両軍の間に目立った戦いはありませんでしたが、緒戦で遅れをとった細川勝元は、密かに巻き返しを図っていました。五月に入り、播磨《はりま》（兵庫県）では赤松配下の軍勢と山名勢が衝突。伊勢では土岐一族の世保政康が一色義直《いっしきよしなお》と戦いを繰り広げました。

五月二十日、管領の斯波義廉の屋敷に山名宗全ら西軍の諸将が集まり、会合を開きました。このころから東軍、西軍の色分けがはっきりしてきます。二十四日になると、勝元ら東軍諸将は西軍に守られていた室町第を確保しようと動き始めます。

東軍の武田信賢《たけだのぶかた》が実相院を占拠し、興福寺の成身院光宣《じょうしんいんこうせん》は土倉《どそう》の正実坊《しょうじつぼう》を押さえ、山名宗全の屋敷と、室町第に隣接する一色義直の屋敷との間を分断します。二十六日には、一色の屋敷を武田信賢や阿波《あわ》細川家の細川成之《しげゆき》らが襲撃。屋敷を焼き払いました。

一色義直は山名の屋敷にいたために無事でしたが、知らせを受けた山名宗全、畠山義就、斯波義廉ら西軍主力は、一色の屋敷と細川勝元の屋敷に押し寄せ、東西両軍が洛中

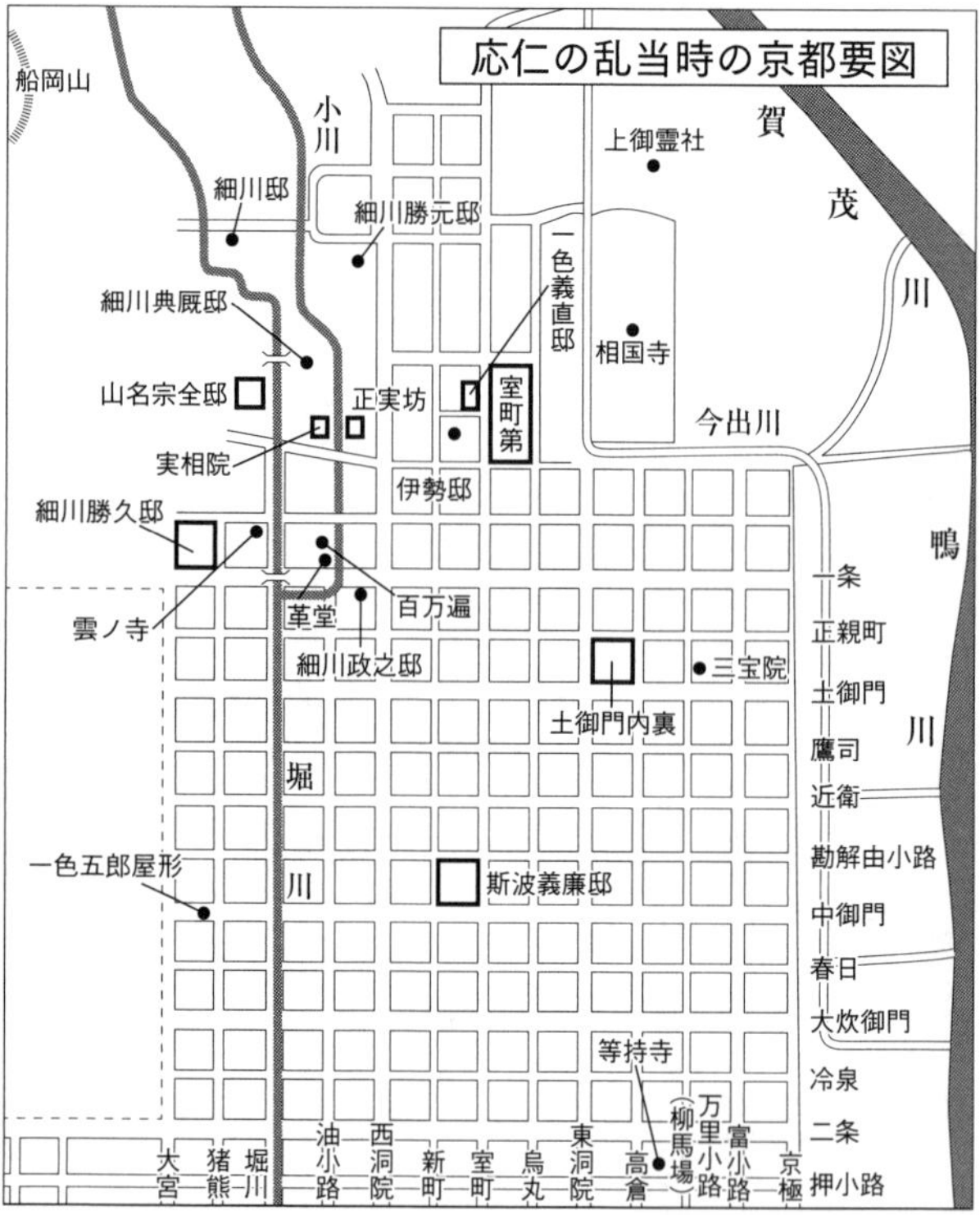

応仁の乱当時の京都要図

の各所で激突しました。

もっとも激戦となったのは、一条大宮の細川勝久《かつひさ》の屋敷でした。西軍の斯波義廉や朝倉孝景《たかかげ》が攻めかかり、細川成之や、淡路《あわじ》守護家の細川成春《しげはる》らが迎え撃ちます。さらに、京極持清、赤松政則の軍勢が細川勝久に加勢したため、激戦となりました。

五月二十七日になると、ついに細川勝久は屋敷に火を放って細川成之の屋敷へと避難しました。興福寺の僧侶が書き残した『大乗院寺社雑事記《だいじょういんじしゃぞうじき》』によれば、この戦いで「北は船岡山、南は二条辺に至り日夜焼亡」してしまったといいます。軍記物語の『応仁記』によれば、大乱勃発時の軍勢は東軍が十六万、西軍が十一万となっていますが、当時の京都にそれほどの大軍勢が軍事行動を展開することは不可能だったと思われるので、恐らく誇張した数字でしょう。

❖西軍が反乱軍となる

緒戦は東軍が有利でしたが、やがて戦いは膠着《こうちゃく》状態となり、持久戦の様相となりました。将軍義政は、東軍に囲まれた状態で、一応、中立の立場から東西両軍に停戦を呼びかけていました。

これに対し、東軍のトップである細川勝元は将軍の旗である牙旗《がき》の授与を求め、さらに西軍を朝敵として討伐することを命じる治罰《ちばつ》の綸旨《りんじ》を求めましたが、西軍の山名宗全を支持していた日野富子とその兄の日野勝光《かつみつ》が異議を唱えたため、実現はしませんでした。怒った勝元が勝光を襲撃するとの噂も流れ、勝光は慌てて自邸に引き籠もってしまいました。

結局、六月三日に将軍義政は勝元に牙旗を授け、八日には義視を総大将として西軍討伐が命じられます。これにより西軍は反乱軍と位置付けられ、畠山政長は赦免されます。幕府内の主導権は細川勝元が握ったのです。

しかし、このころから東西両軍の援軍が全国から京都に集まりつつあり、不穏な空気が流れてきました。六月二十八日、山名氏の軍勢が領国から駆け付けました。総勢八万ともいわれています。また、畠山義就の次男である基家《もといえ》（義豊）が紀伊、河内の軍勢を引き連れて入京し、西軍劣勢の挽回《ばんかい》を図ります。

さらに、もともと細川勝元と対立関係にあった周防《すおう》の大内政弘《おおうちまさひろ》が、宗全の要請を受け

上空から見た船岡山（京都市北区）

て中国・四国・九州の兵を集めて海路、上洛してきました。その軍勢は、大船六百艘《そう》とも兵船二千艘ともいわれ、兵数は一万とも三万ともいわれます。大内勢は七月二十日に兵庫に上陸。摂津《せっつ》を襲撃します。細川勝元は、大内勢の進撃を防ぐため、赤松政則の軍勢を派遣しますが、摂津の池田氏が大内方に寝返ったために失敗。八月二十三日に入京を果たした大内勢は、まず東寺に布陣。次いで船岡山に陣を布《し》きました。これにより、西軍は勢力を挽回し、東西両軍の勢力は拮抗《きっこう》するようになります。

　同じ二十三日、細川勝元は後土御門《ごつちみかど》天皇と後花《ごはな》園《ぞの》上皇の身柄を西軍に奪われるのを恐れ、二人を室町第に迎え入れます。ところがその日の夜、室町第から今出川邸に戻っていた足利義視が、突如として出奔してしまいます。義視は伊勢の北畠教具のもとに落ち延びました。

義視は、西軍追討に本腰を入れない将軍義政の態度に不満を持ち、しかも大内らの上洛で西軍が有利になってきた情勢を見るにつれ、不安を募らせていたのです。この事件により、義視は将軍後継者の座を自ら放棄したものと、義政はみなしました。

◆西軍の巻き返し――相国寺の戦い

九月一日、勢いを増した西軍は、畠山義就を中心に、武田信賢の弟元綱《もとつな》が守る三宝院《さんぼういん》を襲撃します。九月十三日には、西軍は相国寺《しょうこくじ》を攻略し、室町第と細川の屋敷とを分断しようとして、まず室町第に押し寄せ、翌十四日に細川勝元の屋敷を包囲しました。この戦いで、日野勝光や一条兼良《かねよし》をはじめとする公家の屋敷などが広範に焼失。さらに義就は土御門内裏《つちみかどだいり》を占拠してしまいます。

同じ十四日に、今度は播磨と摂津から赤松氏、細川氏の援軍が上洛。西軍との衝突を避けるために迂回《うかい》して洛東《らくとう》の東岩倉山に布陣します。十八日から西軍との合戦が始まり、その数日後、東軍援軍は西軍の軍事ラインを突破して洛中の東軍と合流を果たしました。

十月三日、西軍は再度、室町第と細川屋敷との分断を図るため、相国寺に押し寄せます。このとき、西軍に通じていた寺僧が相国寺に火を放ち、幕府の手厚い庇護を受けて繁栄を極めた相国寺は、大伽藍《がらん》の大半や、多くの塔頭《たっちゅう》を焼失してしまいました。室町第の一部も延焼しましたが、将軍義政は避難勧告を受け付けず邸内で酒宴を続けていたとされています。

この相国寺の戦いで、いったんは西軍が相国寺を支配しましたが、十月四日には東軍の畠山政長や細川成之らが六角高頼《ろっかくたかより》や一色義直の軍勢を駆逐し、相国寺を奪還します。このとき、相国寺の蓮池を一色勢の死者が埋め尽くしたことから、「蓮池頽《くず》れ」と呼ばれました。

この戦いは、東西両軍の主力が正面から激突して、多くの損害を出した戦いでした。しかし、明確な決着はつかず、戦闘は膠着状態となります。西軍は東軍を包囲するかたちとなり、そのまま応仁二年を迎えます。

室町幕府の分裂

応仁二年（一四六八）三月、骨皮道賢《ほねかわどうけん》が率いる足軽勢約三百が、稲荷《いなり》山を根城として洛中に放火、略奪をしかけましたが、わずか六日ばかりで、西軍によって打ち払われました。これ以後、戦火は洛外へと拡大していきます。

同年九月、幕府を出奔《しゅっぽん》して伊勢に逃げていた足利義視が、兄の将軍義政によって京都に召還されます。義視は、日野勝光ら自分と対立する将軍側近を失脚させるよう義政に進言しますが、すでに実子の義尚への将軍継承を決めていた義政は、この進言を一顧だにせず、かえって義視と敵対関係にあり、いったんは幕府から放逐されていた伊勢貞親《いせさだちか》を復帰させます。

窮地に陥った義視は、十一月十三日に再び出奔。比叡山延暦寺《ひえいざんえんりゃくじ》に身を寄せますが、その後、驚くべきことに西軍に招かれ、斯波義廉の陣に迎えられたのです。もともと、西軍の山名宗全と近かったのは、日野富子、勝光兄妹でした。義視は、これに対抗するために東軍の細川勝元と接近していたのですから、対立する双方がまったく逆の立場になったわけです。

一方、室町第と将軍義政を東軍に抑えられていた西軍は義視を歓迎します。義視は武将たちの参賀を受け、将軍が発給する御教書《みぎょうしょ》を発して戦いの論功行賞を行い、将軍直属の奉行人《ぶぎょうにん》や奉公衆の一部も、義視のもとに仕えるようになりました。これにより、事実上、幕府は東西に分裂した状態となりました。

◆困難をきわめた講和交渉

その後、中央の戦乱は周辺地域に拡大しましたが、東西両軍ともに決定的な勝利を収めることはできず、局地戦を繰り返すばかりとなります。文明二年（一四七〇）以降、戦いは全国各地へと波及し、京都に集まっていた諸大名たちも、本国での対立抗争によって足元に火種を抱えることになります。

東西両軍の主力も、長く続く戦いによって厭戦《えんせん》気分が高まり、和平への機運が高まってきます。文明四年（一四七三）一月、すでに七十歳近い老齢に至っていた西軍総帥《そうすい》の山名宗全は、細川勝元に和平を持ちかけます。勝元もこれを受け入れて講和は成立まであと一歩のところまで来たのですが、播磨・美作《みまさか》・備前《びぜん》の旧領回復を条件とするよう強硬に主張する赤松政則のために破談となってしまいます。

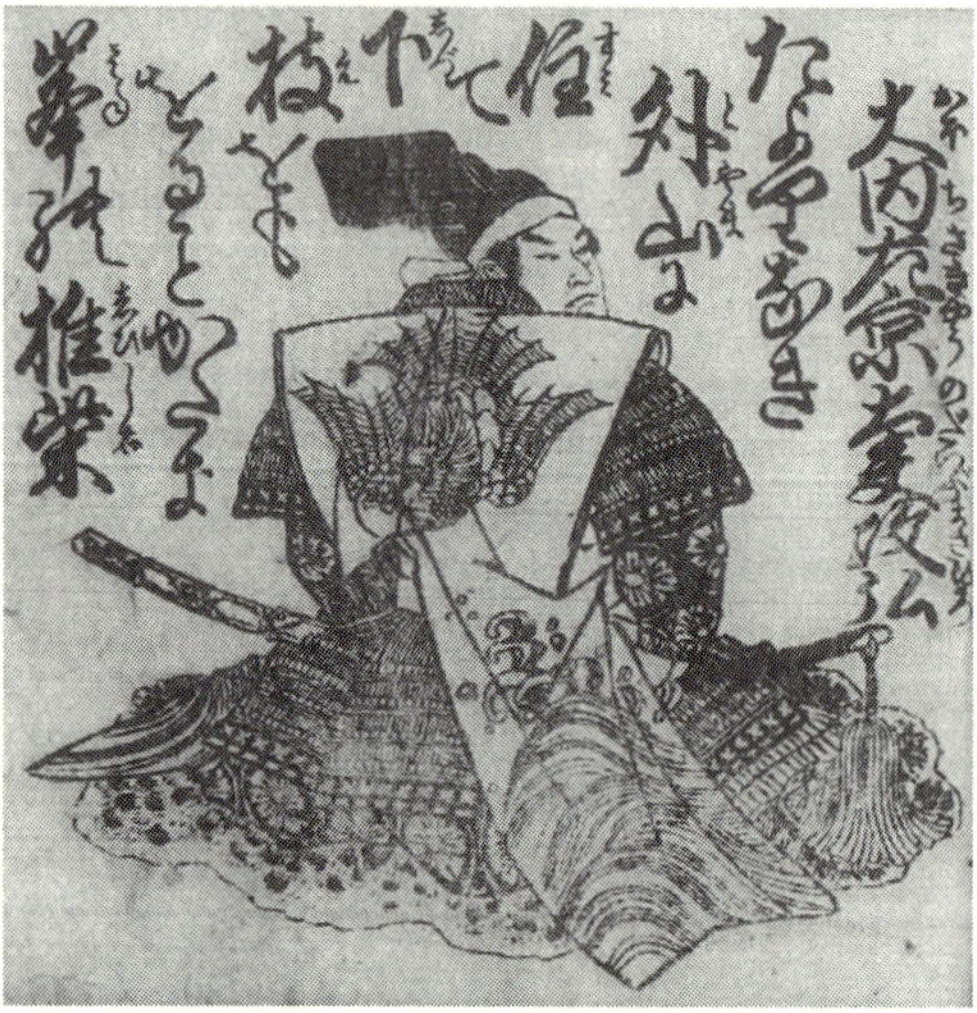
大内政弘（『続英雄百人一首』より。国立国会図書館蔵）

この事態に失望した西軍総帥の山名宗全は自殺を図り、家臣によって止められます。東軍総帥の細川勝元も、出家を図って髻《もとどり》を切ったとされています。赤松だけでなく、家督争いをしていた畠山義就と政長も、互いの存在にかかわることなので、簡単に講和を受け入れることはできませんでした。長く続いた戦いは、もはや宗全や勝元でもコントロールできない状態になっていたのです。

文明五年三月十八日、ついに山名宗

全が病没。そのあとを追うように五月十一日、細川勝元も病死します。宗全は七十歳、勝元はまだ四十四歳でした。しかし、東西両軍の首脳が死んだにもかかわらず、争乱の原因となった対立点が解決したわけではないので、停戦にはなりませんでした。同年十二月十九日、幕府ではまだ九歳の足利義尚が将軍となり、将軍後継者問題にはひとつの区切りがつきました。

文明六年四月三日にいたり、細川勝元の後継者である政元《まさもと》と、山名宗全の孫である政豊《まさとよ》とが直接会談を行い、二人の間で和睦が成立しました。畠山義就は相変わらず強硬に反対しましたが、西軍主力の大内政弘が和平を受け入れる姿勢を見せたため、文明九年九月二十二日、とうとう河内《かわち》へと下っていきます。このとき、義就は三百五十騎の騎馬武者と二千人に及ぶ徒《かち》武者の行列を仕立て、堂々と京都を後にしました。

同年十一月には大内政弘も周防に引き上げ、美濃《みの》の土岐成頼《ときしげより》、能登《のと》の畠山義統《よしむね》らも、本国へと去っていきました。長く続いた応仁・文明の乱も、ここにおいて一応の終焉《しゅうえん》を迎えます。しかし、地方へ飛び火した戦火はすでに常態化し、やがて戦国時代へとつながっていくことになりました。

書評

『室町無頼』

呉座勇一

応仁の乱を準備したアウトローたちの危険な躍動

垣根涼介氏の小説『室町無頼』の存在を知ったのは、二〇一六年八月に同作が刊行されてしばらくして、話題になってからのことだったと思う。ちょうど拙著『応仁の乱』(中公新書)が二〇一六年一〇月に刊行された頃だったのではないか。恥ずかしながら、本作が単行本化される前の、『週刊新潮』での連載は全く把握していなかった。

本作『室町無頼』は、室町時代の寛正《かんしょう》三年(一四六二)に勃発した徳政一揆の舞台裏を、綿密な史料調査を踏まえた奔放な作家的想像力によって活き活きと描き出した骨太な作品である。金が全ての室町社会で、身に何一つ持たぬ才蔵という少年が、骨皮道賢・蓮田兵衛ら一癖も二癖もあるアウトローたちと出会い、棒術という武芸を身につけることでのしあがっていく成長物語だが、時代の闇は否応なく才蔵を歴史の渦に巻き込んでいく。

本作の主要人物たちは、現代の価値観で見れば犯罪者であり、悪人であろう。だが秩序を失い腐敗したこの世に風穴を開けられるのが、建前や体裁にとらわれず強《したた》かに生きる彼らしかいないこともまた事実であり、本作は悪漢たちの危険な躍動を魅力的に描く。垣根氏が歴史小説を執筆する前に発表し好評を博していた「ヒートアイランドシリーズ」や『ワイルド・ソウル』などの犯罪小説のエッセンスを巧みに盛り込んでおり、「日本史ノワール小説」とでも言うべき独自の世界観を築いている。

本作が一級のエンタメ小説であることは論を待たないが、室町時代の歴史研究を専門とする私から見ても、驚きの一冊であった。応仁の乱のほんの数年前の事件を舞台にした歴史小説が、まるで示し合わせたかのように、拙著とほぼ時期を同じくして刊行されたという不思議な邂逅《かいこう》に強い印象を受けた、というだけではない。日本史最大の戦乱の一つである応仁の乱がなぜ起こったのか、その答えが拙著よりも大胆に、そして鮮烈に提示されていたからである。

応仁の乱の教科書的な解説によれば、室町幕府八代将軍足利義政の後継者をめぐる争いに、細川勝元・山名宗全ら大名の主導権争いが絡んで大乱が発生したという。義政の正室である日野富子が我が子義尚を次の将軍にしたいというエゴによって天下を揺るがす戦乱が起きたのだと、戦国時代から現代に至るまで語られてきた。

拙著では、右の日野富子悪女説を否定しているが、幕府中枢の武家たちによる権力争いから応仁の乱を説明しているという点では、通説と共通しているとも言える。

けれども、近年の歴史学界では、応仁の乱の本質は本当に単なる権力争いなのか、という疑問が提起されていた。室町社会の頂点である幕府中枢の権力闘争は実は枝葉の問題であり、室町社会の根本的な矛盾こそが、応仁の乱を生んだのではないかという問題提起がなされるようになった。すなわち、社会の底辺から応仁の乱を見直すという視角である。

歴史学者の藤木久志氏や神田千里氏が指摘したように、この時代は慢性的な飢饉状態であったにもかかわらず、幕府は無為無策であり、多数の飢民を放置した。飢えた民衆は京都に押し寄せ、貧民窟が形成されていった。

食い詰め者は生きるためには手段を選ばない。ある者は悪党・盗賊となって略奪をはたらき、ある者は金貸しの用心棒として糊口《ここう》をしのぎ、ある者は足軽（雑兵）として戦場に稼ぎ場を求める。そうした者たちを戦術に長けた牢人（失職した武士）が広範に組織化し、土倉《どそう》・酒屋などの金融業者（高利貸）を襲撃すると共に、幕府に徳政令（借金の帳消し）を求めたのが徳政一揆（当時の史料には「土一揆」と見える）である。そして、その中でもとりわけ大規模な一揆が、寛正の徳政一揆であった。

であるならば、こうした治安の悪化、体制の動揺の果てに、応仁の乱という破局が訪れたと見るべきではないか――。これが歴史学界の新たな見解である。むろん、私も歴史学者の端くれとして、そういう研究動向を承知していた。だが拙著『応仁の乱』では、十分に反映させることができなかった。史料が乏しいからである。

古い時代になればなるほど、現存している史料は少なくなる。そして、残された史料は、どうしても上流階級の人間が書き残した史料、権力者について記述した史料が中心になってしまう。

貴族や僧侶から見れば、牢人や悪党、足軽たちなど、なるべく関わりたくない卑しく醜い存在にすぎない。したがって、暗黒社会の住人たちがどのように毎日を過ごしていたのか、何を考えて生きていたのか、それを知る術はほとんどないと言って良い。

歴史学者は史料に拘束される。史料にないことをあれこれ勝手に想像で語ることはできない。そこに歴史学者の宿命的な限界がある。

歴史学者が手前で踏みとどまってしまう崖を飛び越えられる。それが、小説家の強みであろう。本作の主人公である才蔵は、垣根氏が創造した架空の人物である。だが、才蔵のような自分の腕一つで世を渡り歩いた男は、この時代の京都に確かにいただろう。

歴史学者が乏しい史料からすくいあげた無味乾燥な史実に、垣根氏が肉付けをすることで、歴史が鮮やかな彩りを見せる。一揆に参加した無数のはぐれ者たちに、「才蔵」という顔を与えるだけで、時代の空気がここまで生々しく感じられるようになるのかと、強い感銘を受けた。

寛正の土一揆の大将（指導者）である蓮田兵衛と、幕府から京都の治安維持を請け負っている足軽大将の骨皮道賢が顔見知りであったと記す史料は存在しない。その意味で、本作の基本的な構図は創作である。

しかし、近年の研究が明らかにするように、土一揆も足軽も、牢人・流民・飢民を供給源としているという点で同根の存在である。ある時は土一揆として金融業者を襲撃し、ある時は足軽として土一揆を鎮圧する側に回るのだ。だとすれば、蓮田兵衛と骨皮道賢が互いを知らなかったはずはない。右の描写を目にした時、私は盲点を突かれて衝撃を受け、自分の想像力の欠如を深く反省した。二人の虚々実々の駆け引きは、本作の最大の見どころの一つである。

さて、応仁の乱ではなく、乱の前史とでも評すべき寛正の徳政一揆という、一般にはほとんど知られていない事件をあえて題材にした点は、平成末期の世相に応仁の乱前夜の雰囲気を読み取った、垣根氏独自の嗅覚によるものだろう。

だが『室町無頼』連載開始から十年が経った今、現代の日本、そして世界は、「応仁の乱前夜」を終えて「応仁の乱真っただ中」になったようにも感じる。垣根氏には是非、応仁の乱そのものを題材にした歴史巨編を執筆していただきたいと思っている。

第1章

対談 応仁の乱から現代を照射す

作家
垣根涼介
かきね・りょうすけ

国際日本文化研究センター助教
呉座勇一
ござ・ゆういち

今、室町時代や応仁の乱に注目が集まっている。複雑怪奇な応仁の乱を巧みに描いた『応仁の乱』（中公新書）で読書界の話題をさらっている呉座勇一さんと、応仁の乱直前の「一揆の時代」の混沌を描いた小説『室町無頼』で直木賞候補ともなった垣根涼介さんに、なぜこの時代が注目されるのかを縦横に語ってもらった。

土一揆を小説にする

垣根 呉座さんは中世がご専門ですよね。そもそもなぜ中世を選んだんですか？

呉座 一言でお答えするなら、中世が一番わかりにくい時代だからでしょうか。古代はいわゆる律令国家の時代で、都にいる天皇を中心に政治が行われました。近世、いわゆる江戸時代は、江戸幕府があって、徳川将軍家を中心とした秩序がある。近代になると明治政府ができて、中央集権国家でもって近代化を目指していくというように、割とイメージがはっきりします。その点、中世というのは、どのような時代かといわれると、一言では説明するのが難しい。天皇もいれば、将軍もいて、大名たちもいて、民衆が一揆を起こすなど、非常に複雑で混沌としています。そこが面白いし、現代にも少し通じるところがあるのではないかということで、興味を持ったというのがきっかけです。

垣根　研究の対象となるのは、世の乱れ始めた応仁の乱前後から、ぎりぎり戦国時代までという感じでしょうか。

呉座　戦国時代は一般の方でもくわしい人は多いですが、その前の時代は、意外と知られていません。

垣根　その知られていないところを、自分なりに腑分《ふわ》けしたというのが、この『応仁の乱』というわけですね。

呉座　そうです。知られていないところを、このような時代だと伝えたかったというのはあります。

垣根　この時代の特徴の一つである「一揆」については、以前に書かれた『一揆の原理　日本中世の一揆から現代のSNSまで』（洋泉社）でも触れておいでですね。拙著『室町無頼』も、まさにその一揆を背景とする時代を描きました。当然、ご著書も参考にさせていただきまして、なるほど一揆というのは基本的にはネットワークであり、現代で言えばＳＮＳ（ソーシャルネットワークサービス）なのだろうと思いました。『室町無頼』のなかでは、のちに寛正《かんしょう》の土一揆《つちいっき》の首謀者となる蓮田兵衛《はすだひょうえ》という牢人が、才蔵という少年に「金よりも動くものはなんだ？」という問いかけをします。お金の本質は動くこと／動かすことにあります。つまりは運動ですね。その金よりも激しく動くもの、世を回転させるものは、いわゆる情報しかない。『一揆の原理』のご著書で「それはＳＮＳだ」と喝破されていて、納得がいきました。

呉座　ありがとうございます。

垣根　貨幣はＡからＢへ移動した時点では、ただの移動です。百円という価値が四方八方に百円で散らかるわけではなくて、百円はあくまでも百円。いわゆる一対一の等価交換です。しかし情報は拡散することによって無限に運動と変質を繰り返す場合が多い。だからある種、とても危険な場合もある。以前、管理人に勧められてFacebookを始めたときに、これは空恐ろしいリスクも孕《はら》んでいると思いました。考えようによっては、自分のあずかり知らない範囲まで話が拡散していくのは、とても怖いものです。自分のまったく知らない人にまでいろいろな話が伝播し、責任の所在もはっきりしないいま

上御霊神社に建つ「応仁の乱勃発地」の碑とお二人

まその反応や意図が変質して、下手をすれば発信者にとっては収拾のつかない場合もあると実感しています。

呉座　しかし、『室町無頼』で垣根さんが描いていらしたように、蓮田兵衛はむしろ情報の拡散力を利用しようとしていた。

垣根　実際に証明する史料は存在しませんでしたが、いろんな状況を想像するにつけ、そのように推察せざるをえませんでした。

呉座　蓮田は、意図的に自分の名前を広めようとしていたのではないかと、垣根さんはどこかでお書きになられていましたが、私はその可能性に気付きませんでした。

垣根　一揆はＳＮＳだという論理でいくと、そうなりますね。

呉座　小説の中でも書かれていて、すごくしっくりきました。土一揆の大将の名前がわかるという事例は少ないのに、なぜ蓮田兵衛はこれほど有名なのかというと、むしろ自分から宣伝していたのではないかと。盲点を突かれたような気がしました。

垣根　私にも謎でしたが、自ら首謀者だと触れ回っていたと考えると、いろんな部分で辻褄《つじつま》が合い、腑に落ちるのです。

呉座　蓮田兵衛が活躍した寛正の土一揆では、幕府は土一揆を鎮圧した後も、敗れて逃げた人たちを執拗《しつよう》に捜索しています。蓮田兵衛も捜索されて捕まり、殺されています。残党にまで追っ手がかかるというのは、土一揆の例としては結構珍しくて、だいたい京都からいなくなればいいという感じの対応が普通です。では、なぜそこまで執拗に追いかけたかというと、蓮田兵衛の名前が有名になり過ぎてしまったので、きちんとけじめをつけないといけなかったのだと思います。蓮田兵衛は、自分に最終的に追っ手がかかるということまでわかっていて、あえて自分の名を広めるという描き方にうなりました。

垣根　一揆の主体というのは、いわゆる農民ですね。しかし農民とはつまり、その土地の実質的な地主なのです。その上にいる人たち、つまり守護などの支配層は、税の徴収権を持っているだけです。それが通常の土一揆で農民を追捕《ついぶ》したり処罰するというのは、なかなか難しいだろうという考えが一方ではあります。他方、蓮田のような根無し草のような牢人なら、幕府側も徹底的に探索・処罰しやすかったのでは、との考えもありました。

呉座　そうですね。百姓たちが土一揆を起こして借金を棒引きさせる徳政《とくせい》を要求する論拠はそこです。本来は自分たちが耕している自分たちの土地なので、借金を返せないからといって土倉《どそう》などに奪われるのは不当だということです。

垣根　ポイントはそこですね。しかし、『室町無頼』を書くとき、私がフォーカスを当てたのは農民ではなくて、京都の牢人社会でした。畿内で最も貧苦にあえいでいたのは、都市部に流入してきた牢人階層だろうと思ったんです。彼らはとにかく飢えていました。皆が平等に飢えているのならともかく、現実的には、あの狭い京の中でとても富んでいる階層もいます。ただし、その飢えた牢人集団は、自分たちがそうした貧富の構造を覆してやるなどと考えていたのではなく、後のことは知らないけど、とりあえずそのシステムのようなものに反抗してみようという感覚だったのではないか、と。ようは、一揆を首謀した蓮田兵衛にしても、史上初めて足軽《あしがる》を組織した骨皮道賢《ほねかわどうけん》にしても、そのような社会的状況が必然的につくり上げた人物なのだろうと思います。当時の京都は人口約十万人です。骨皮道賢がいつ市中警護役に就いたかわからないのですが、資料によると、一四六〇年には渋谷口《しぶたにくち》の強盗を鎮圧しているという記録があります。その二年後に蓮田兵衛の寛正の一揆が起こっています。

呉座　そうですね。

垣根　一方は牢人社会で首領的な役割として暗躍している蓮田兵衛、もう一方は、その犯罪などを取り締まる骨皮道賢。狭い京の街で、この二人が互いにまったく知らないはずがないというところが、この物語の発想の根本です。

呉座　そこが本当に鋭いと思いました。言われてみると、絶対につながっています。この辺りも、今は研究が進んできました。昔は、一揆というのは基本的には農民の闘争だと位置づけられていて、足軽との接点というのはあまりきちんと考えられてこなかった。そして、土一揆は農民の反体制の動きであるとして、プラスの評価をされてきた。

しかし足軽というのは、権力の手先として悪さをしているということで、マイナスイメージです。だから土一揆と足軽は、別個に扱われてきた部分があります。だんだん研究が進み、土一揆に参加している人たちと足軽になっている人たちは、実は根っこでつながっているのではないかと、最近では考えられています。そのつながりを象徴する形で、土一揆の大将である蓮田兵衛と、応仁の乱で足軽大将として活躍する骨皮道賢が知り合いだったとする設定は、すごくうまいと思いました。

垣根　『室町無頼』では、蓮田兵衛が土一揆を起こす前に取り締まる側の骨皮道賢に裏取引を持ちかけます。アメリカで言う、マフィアと警察が裏取引をするようなものです。蓮田兵衛は一揆をスムーズに進めるため、取り締まりの現場を任されていた骨皮道賢にお目こぼしを依頼し、その見返りとして道賢の面子を潰さず、花を持たせようとしていた、という感じでしょうか。

呉座　現代と同じですね。

垣根　そうすることで、骨皮道賢も幕府や侍所に対して点数を稼ぐこともできる。犯罪を取り締まりながら、実は犯罪者とも通じているという意味では、江戸時代の目明《めあ》かしのようなものです。

呉座　個々のエピソードは創作だとしても、ストーリーの根っこにある社会観のようなもの、当時の室町社会はこのような感じだったという時代感覚は、今の歴史学の研究と合致します。時代の本質を突いているのではないかと思います。

垣根　作品を書くときは、自分の身をその時代のその場所においてみて、想像を膨《ふく》らませます。寛正の土一揆では、蓮田兵衛が率いる一揆勢は、糺《ただす》の森に籠もって戦いましたが、なぜ糺の森だったのかということをずっと考えていました。道賢は伏見の稲荷《いなり》山にいた。蓮田兵衛はおそらく西岡《にしのおか》。となると、西岡周辺で城塞として使える地形・建物と言えば向日《むこう》神社しかないので、兵衛は向日神社に陣を構えた。向日神社の敷地内には元稲荷古墳があり、その高台からは今でも木々の間から京都タワーと東寺の五重塔が見えます。当時、相国寺には大塔があり、この高さは三百六十尺（百九メートル）、つまり京都タワーの百三十一メートルと感覚的にはほぼ同じ高さでした。洛中は平地で、この二つの塔は当時の京近郊からのランドマークになっていたはずです。五十五メートルの高さの東寺の五重塔が下京にあり、それに倍する高さの相国寺の大塔が上京にある。当

寛正の土一揆で一揆勢が籠もった糺の森(京都市左京区)

然、洛中はこの二つの塔の間にほぼ入っていた。蓮田兵衛が民を糾合して蜂起した際、市中の牢人はまだしも、近郷の農民たちはそれほど詳しく京市中の地理を知らなかったでしょう。そうすると、蓮田兵衛は、まずは最もわかりやすい相国寺の大塔を目指して一揆勢に京都に突入してくるように指示したのではないか、と考えました。そし

向日神社（向日市）

て、相国寺の大塔に集まって来た一揆勢は、その相国寺に隣接する広大な糺の森に籠もって陣を構えたのではないか、と。

呉座　そこが小説家の嗅覚というものでしょう。そのような発想はまったくありませんでした。向日神社にしても道賢が籠もった伏見稲荷にしても、基本的に地理的に街道筋を押さえるためにあそこに拠点を置いたと考えただけで、そこから見た眺めがどうだったかというところまで思いが至りませんでした。そこはやはり小説家ならではの鋭さだと思います。

垣根　自分が京を攻めるなら、おそらくそうしただろうと考えました。相国寺の大塔と東寺の五重塔に並び立つ建造物はなく、空を見上げれば、どこを目指せばいいか、誰の目にも明らかだったと思います。

混迷の現代と室町時代を重ねる

呉座　私は、応仁の乱なんて人気のないテーマをよく書いたねと言われましたが、その応仁の乱が始まる直前の時代を垣根さんは書いています。相当にマニアックですね(笑)。

垣根　確かにマニアックかも知れません(笑)。私も正直に言うと、呉座さんの『応仁の乱』が出たときは驚きました。応仁の乱の始めから終わりまでを一冊の新書にまとめられるなんて思っていませんでしたし、私も知らない話がたくさん出てきます。そもそも話自体も複雑で、決してわかりやすい話ではありません。

呉座　おっしゃる通りです。

垣根　それが、かなり売れています。何故だと思いますか。

呉座　なぜなのでしょうか。いろいろな人になぜ売れているのかと聞かれて、こちらも困ります（笑）。ただ、やはり現代の雰囲気に少し重なるところがあるのではないかとは思っています。何が何だかよくわからなくて、混沌としていて先が見えない、明日どうなるかわからないという状況で生きていかなくてはいけないので、手探りで出口を探しているというような感じです。この本は、応仁の乱とはこのようなものですと誰にでもわかりやすく説明した本ではありません。もちろん、なるべくわかりやすく書こうとは思ったのですが、どちらかというと、応仁の乱という未曽有の大乱の中で、いろいろな人たちが迷い苦しみ悩んでいる様子を書きたかった。それが現代を生きている人たちのように、この先どうなるのかわからない、トランプさんが大統領になると誰も予測していなかったわけですから、そのような世の中でどうしたらいいかと迷っている人たちの親近感というか、共感を呼んだのではないかと考えています。

垣根　私が『室町無頼』を書いた動機も、それに近いですね。現代は、どう生きればいいか、誰もロールモデルを示せなくなっています。社会制度は経年劣化が進み、会社も地域社会も血縁も頼れなくなってきている。親の背中を見ても、親の生きてきた時代とはまったく違うから、ロールモデルになりにくい。生き方のロールモデルが消滅しかけている。

呉座　何も信用できません。まさに『室町無頼』は、何も当てにならないから自分の足で立つしかないという男たちの物語ですね。

垣根　そうです。私は一九八九年のバブルの全盛期に大学の卒論を書きました。言語心理学が専門で、アンケートを百人ほど採ったのですが、ふと思って質問の最後に、専攻とはまったく違う「未来の日本は、今より良くなっていると思いますか？」という質問を入れました。結果は、回答者の九割が「良くならない」と答えました。そのような見方は多いだろうと予想していましたが、九割という比率の高さは驚きでした。それはおそらく、沈みゆく船から逃げていくネズミのように、多くの人が社会の衰退や危機をどこか肌感覚で感じ取っていたからでしょう。そうでないと、この高い比率は説明ができません。そしてその回答通り、バブル以降の今が「良くなっている」とは、とても言えない。『室町無頼』の中で、蓮田兵衛と、そのもとで兵法者の道をめざし、一揆に参画する吹き流し才蔵の二人が相国寺へ下見に行く場面があります。兵衛が「蜂起する折り、自分が首謀者だと随所で触れ回る」と言うと、「幕府から科人として追われますぞ。捕まれば、晒《さら》し首ですぞ」と才蔵は問いかけます。そこで小説的には、蓮田兵衛に一揆を組織して蜂起する理由を明確に語らせることも、物語としてはできました。例えば、この都で家族が貧苦の中で餓死した恨みを抱いていたとか、どこぞの大名に仕えていたときに、反対派に妻子を殺戮《さつりく》されてその復讐を誓ったとか。そうしたほうが物語的には受けるでしょう。しかし、蓮田はそこであえて「わしにもわからん」と語る。むしろん蓮田は自分の意志で一揆を起こしています。しかしその根本には、彼を突き動かした、この時代特有の「何か」があったと思うんです。骨皮道賢のような存在が現れたのも、同じでしょう。室町時代を覆う空気や特有の「何か」を描きたい。応仁の乱といった大乱や支配層、政治状況でなく、個人に焦点を絞ることで、現代の読者に響くものがあるはずだと考えました。応仁の乱を避けて五年前に勃発した寛正の土一揆を中心に据えたのは、このような思惑と見立てをしたからです。

呉座　応仁の乱でも結構冒険的だと言われたので、寛正の土一揆を扱うというのは勇気がいりますよ。

垣根　この時代を、いろいろな視点から現代と重ねると、先ほどおっしゃったように、かなり近い類似性があります。この当時の京都と今の東京はほぼ似たような立ち位置で、政治経済と文化、人口が一極集中しています。私は地方出身者なんで実感していますが、現在の地方の疲弊は激しく、働き口は激減し、それゆえ、相変わらず若者の都会志向は続いています。都会に行きさえすればよい働き口があると思っているのです。しかし、都会でも納得のいく仕事に就ける者はごく一部です。仮にいい企業に入れたとしても、昔のように終身雇用でなく、激務で、いつ切り捨てられるかわからず、大都市にも地方にも安心した身の置きどころがないという状況が常態化しつつあります。そして、その過程の中で自分なりの技能や専門的な知識を身に着けられなかった人間は、一度自分の選んだコースが暗転すると、とことんまで社会のシステムからこぼれ落ちていくという状況になりつつあります。セイフティネットの不在です。現在は子どもの六人に一人が貧困家庭に育つといいます。当時の京都に流れてきた人間も、技能者は恐らくほとんどいなかったでしょう。

呉座　いないですね。率直に言って、物乞いに来ているような人たちです。今の東京もそうなのかもしれないですが、やはり一極集中なので、京都にさえ行けば食えるだろうと、確たる見通しがないまま来てしまう。

垣根　ですから、食えない確率が高い。かといって皆が貧乏かというとそうではない。

呉座　室町時代は超格差社会ですよ。土倉などはとてももうかっていたといいますから、まさにバブル社会だったわけです。

垣根　バブルのときにもうかっているのは、金融業と土建屋だけでした。他はそれほどもうかっていなかったはずなのですが、皆自分たちがもうかっていると勘違いしてしまって、四畳半に住んでいる人がＢＭＷを買ったりしていました。

呉座　室町時代も土倉や左官業、芸能民はもうかりました。足利義政《あしかがよしまさ》ら権力者がしばしば大きな邸宅を築き、豪華な宴会を行ったからです。今でいう公共事業ですね。

垣根　足利義政は公共事業を行うことで「善政を布《し》いている」というようなことを言っていましたね。

呉座　そうです。大邸宅建設は無駄遣いではなく、雇用を創出するための経済政策だという議論もあります。

垣根　戦後の昭和に構築された社会の発展システムは、まさにその流れで、経済は右肩上がりで成長するという前提の上に成り立っていました。その前提が崩れた現在、そのシステムを維持していくこと自体に無理がある。システムが社会情勢にあわず、機能していない。室町時代も同様で、何とかしなければという危機感と変革の意志を持っている者はいた。しかし、既得権益を失いたくなくて、危機感と意志は生半可で、『応仁の乱』でお書きになっている通り、何も変えられず、流されてしまったのではないでしょうか。

呉座　今の日本社会もいろいろ問題があると思うのですが、政治家が何か悪巧みをしているとか、財界の影の黒幕のようなものが、悪いことをしていたり考えたりしているからおかしくなっているわけではありません。皆がそれなりには何とかしなくてはいけないと思っているのですが、今おっしゃったように、生半可というか中途半端にその場しのぎの対応をしていくうちに、おかしくなってしまった。

垣根　まさに泥沼ですね。

呉座　登場してくる人物たちにそれほど悪気はない。恐らく自分なりにこうすることが良いことだと思っているのですが、それが長期的な視野に立ったものではなく、取りあえずその場を取り繕《つくろ》い、問題を先送りしているだけ。それを繰り返していくうちに、次々に問題が雪だるま式に膨れ上がっていって、誰も制御できない状況になってしまいます。日本の政府債務の問題も、特定の誰かが日本を破産させようとして始めたわけではなくて、皆が先送りしているうちにそうなったわけです。その人たち個人は別にそれほど悪気はなく、目の前の問題に取りあえず取り組んだだけだということだと思います。ですから、実際の破局というのはそのようなものなのだろうと思います。

垣根　以前に『ヒートアイランド』という、裏金を専門に強奪するプロフェッショナルが主人公のシリーズ作品を書いていましたが、特にリーマンショック以降の日本では、めぼしい裏金ネタが見つからず、そこから進まなくなってしまいました。昔のように世の中に巨悪がいないのです。そのとき気付いたのは、巨悪は経済が右肩上がりで成長している国でないと誕生も存在もできず、裏金も発生しえない、ということでした。

呉座　やくざが一番活躍していたのもバブルのときですから。

垣根　さすがに高齢者のなけなしの貯金を掠め取ったオレオレ詐欺を強奪するのは、あまりにも格好悪い。しかし、それくらいしか裏金はなさそうで、やくざも窮しているだろうし、大金を動かせる大物政治家もいません。今の政治家たちは「抵抗勢力」といった言葉を使い、敵と見なして攻撃しあっていますが、もとを正せば、ほとんどが自民党議員で、同じ穴のむじなであったりする。対立軸が曖昧《あいまい》で、誰の味方で、何を目指しているのか明確でない気がします。

呉座　応仁の乱もそうです。対立軸が明確ではないからこそ長引いてしまったのです。逆説的ですが。

垣根　例えば「巨悪」がハッキリしていれば、長引きませんよね。そいつを倒せば終わりですから。

呉座　そうです。そうではないから長引きました。それはいかにも日本的で、巨大開発プロジェクトなどもそうですが、撤退しようとなっても、誰かが反対すると続けるということになります。

垣根　戦国時代の合戦もそうなのではないかと思ったことがあって、合戦とは言いつつも、実際は相手の出方を眺め、様子見している局面が非常に長い。仏教の世界でも、宗派や教義の違いはあっても、鋭い宗教対立にはならない。

呉座　ですから、ヨーロッパにおける宗教戦争のような激越な対立もありません。たとえば、外国ですと城が落ちると住民全員皆殺しとなる事態が普通にあるわけですが、日本だとトップが腹を切ったらそれで終わりという感じで、虐殺は滅多に行わないのです。

垣根　ボスニア・ヘルツェゴビナや南スーダンで行われていたような「民族浄化」は日本ではほとんど例がない。「天下分け目」と言われた関ケ原の合戦にしても、合戦の勝者が敗者側を徹底的に滅ぼしたかというと、そんなことはない。どこかなあなあで進んでいる部分がある。その典型が応仁の乱だったのではないかと思いました。

呉座　確かに、お互いににらみ合って動かないようなパターンが多いです。

垣根　応仁の乱でも、積極的に戦っているのはどうも畠山義就《よしひろ》だけみたいですね。

呉座　畠山義就だけは主体的に動いているのですが、他は主体性がありません。他は、トラブルが起こったからどうにかして対応しているという、受け身の形になっています。その辺りが、応仁の乱が華々しくないというか、人気がない理由だと思います。

垣根　しかし、ご著書の『応仁の乱』は大ヒット。ある種の社会現象になっていますね。

呉座　一つは、歴史教養ブーム的なものも影響しているのではないかと思っています。少し前から、例えば歴史教科書をもう一度学び直すというような感じの本が結構売れていて、私も驚きました。あと、予備校の先生などが社会人向けに高校の日本史の内容を、わかりやすく解説するような本も出てきました。高校で日本史を習ったけれど、暗記ばかりで面白くなくて、真面目に聞いていなかったのでほとんど覚えていない。でも、いざ社会に出たらやはり知っておいたほうがいいということで、学び直すというようなことは最近あるのではないかという気はします。

垣根　でも、やはり一番の要因は、今の時代とのリンク、あるいは相似性ではないでしょうか。既存のシステムや年金制度を信じられない時代になり、では昔はどうしたのかという部分に興味があるのではないかと思います。

呉座　そのような意味では、今までとやはり変わってきたという感じがします。十年前なら絶対売れなかったと思います。

垣根　呉座さんは、尋尊《じんそん》と経覚《きょうがく》という僧侶の日記を通して応仁の乱を描いています。この二人が世相を評したり、人物の動きを悪しざまに語ったりするのが非常に面白い。

呉座　そこは意図的に僧侶の視点でというところがあります。私の視点で書いてしまうと、結末がわかっている後世の歴史家が時代を俯瞰《ふかん》して書くという形になって、どうしてもフェアではなくなります。

垣根　たしかに俯瞰できるし、のちに判明する事実や知見もあり、公平ではないですよね。

呉座　そうです。上から見下ろす形になってしまうので、それは避けたかった。そこで同時代人の目を借りることにしたのですが、同時代人といっても、本当に戦乱の渦中にいる人だとまったく客観性がありません。多少距離があって、当事者ではないのですがまったくの他人事でもない。戦乱が飛び火してくるかもしれない危険もある。この二人のお坊さんは、それくらいの距離だったんです。しかも彼らは身分の高い僧侶なので、ある種、浮世離れしているところもあるのですが、一方で大企業経営者的な側面があるので、まったく現実から離れるわけにもいかないという、その辺りのバランスですね。

垣根　『室町無頼』も社会構造の枠内におさまらないアウトローや、生活保障から弾き出されてしまった牢人を通して、室町時代を描きました。当時には、現在の失業保険や生活保護といった社会保障や人権の概念もない。枠内からいったんこぼれ落ちた者は、現代以上に掬《すく》い上げられることも這《は》い上がってくることもできない。つまり、現代社会では見えにくい社会や組織のシステムの問題が、室町時代ではより浮き彫りになると考えたのです。

呉座　覆いがない分、本質がはっきりするということですね。

垣根　そういう状況下で個人はどのように生きていくのか、生きていけばよいのか書いてみたかった、というのが大きな執筆動機の一つです。書き終えて、改めて考えると、これからの時代は隠されていた問題がさらに剥き出しになり、また実利に左右された人やモノの動きがより進むだろうという気がしています。

呉座　実際にそうなっていますよね。

垣根　以前のように社会のセイフティネットが機能しているわけでもなく、社会構造も五年とか十年の短期スパンで急速に変わっていく。その変わりようも、昭和のようにわりと直線的な方向性で進むのではなく、枝分かれ的に迷走しながら進んでいく。その流れの中に身を置く個人には生きにくく、ますますキツくなる時代だと感じています。それでも土一揆や応仁の乱は、現代の日本では起こらないでしょうけど（笑）。

呉座　そうですね。

室町時代の特質とは

垣根　呉座さんは、『応仁の乱』の登場人物で、一番興味深いのは誰ですか。

呉座　個人的には尋尊は今まで評価が非常に低かったので、少し尋尊を擁護したいという気持ちがありました。彼は非常に悲観的で、しょっちゅうこの世は終わりだというようなことを書くわけですが、それは口癖のような感じで言っているのであって、本当に人生に絶望しているわけではないと思います。実際に尋尊はきちんと興福寺を経営しているわけです。本当に世の中が嫌だという人にはやはりそのようなことはできません。

垣根　ある種の厭世《えんせい》的ポーズなんでしょうね。しかし、『大乗院寺社雑事記』という尋尊の日記に、そのような感情が出ているというだけですごく面白いです。

呉座　日記といってもいろいろあって、特に公家の場合の日記というのは、基本的には子孫に対するマニュアルとして作っています。朝廷ではさまざまな儀式があるのです

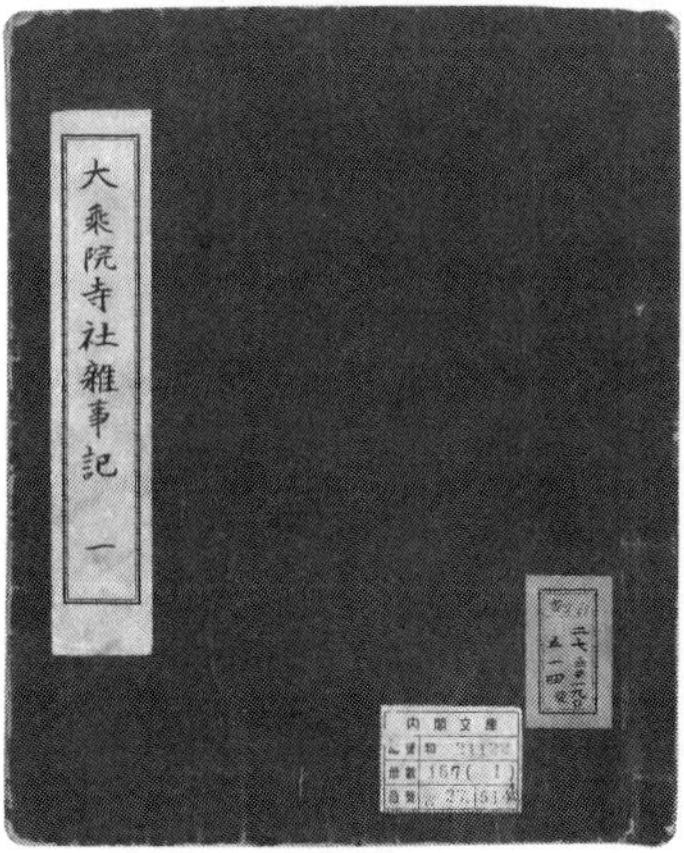

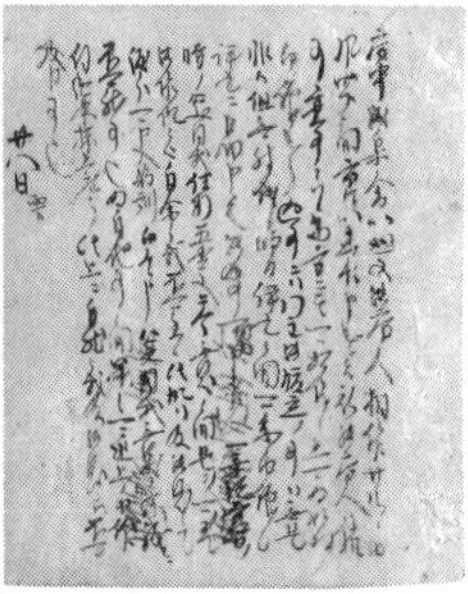

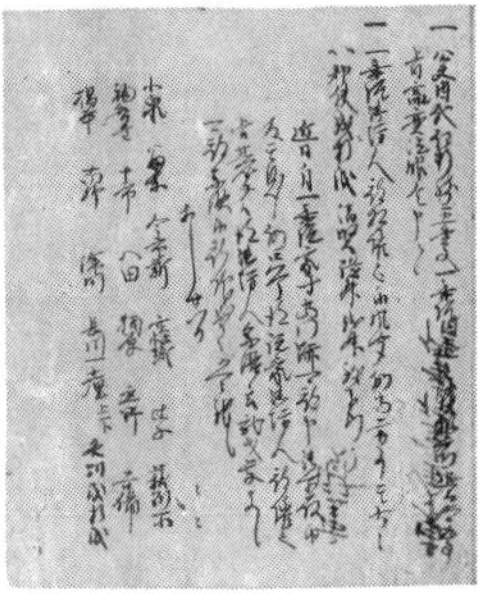

『大乗院寺社雑事記』(国立公文書館蔵)

が、各家では儀式の作法に関する非常に詳細なマニュアルを作っていました。そういうマニュアル的な日記は読んでいてもあまり面白くないのですが(笑)、ありがたいことに尋尊や経覚は当時流れたうわさを結構書き留めてくれています。

なぜそんなことをしたのかというと、先ほどの垣根さんのお話にも通じますが、今の時代だと新聞やテレビなどがありますけど、当時はうわさのような形でしか情報が入ってきません。それが本当かデマなのかというのは時間がたたないとわからないので、取りあえず入ってくる情報は全部書き留めておくしかありません。

垣根　僧侶の場合もそうですか。

呉座　僧侶の場合、仏事に関するものが本来は多いわけです。ただ、経覚と尋尊の場合に面白いのは、事実上、興福寺という巨大企業の経営者的な立場にいるので、はっきり言って普通の公家に比べて、はるかに多くの人と金を動かす存在です。その分、面白いです。

垣根　情報もたくさん入ってきたでしょう。経営者となると、周辺情勢にも絶えずアンテナを張って見ておく必要がありますしね。

呉座　確かに、経覚と尋尊が応仁の乱の情勢についてすごく情報を集めているのは、結局経営の問題です。例えば、越前にある荘園はどうなっているのか、きちんと年貢は入ってくるのかというのは、越前の情勢をきちんと知らないとわからないことなので、そこは非常に神経を使っています。

垣根　経営者でもあったので、その視点で情勢を眺め、それゆえにあのような記述になった、ということですね。

呉座 今までの研究では、その辺りの視点が少し弱かったのではないかと思います。つまり、武士が力を付けていく一方、公家や僧侶という昔から力を持っていた人たちは時代の変化に取り残されて、現実を受け入れることができずに落ちぶれていく。だから、尋尊のように、世の中が悪くなっていると愚痴るだけであると、これまでの歴史学者は非常にネガティブに捉えてきたわけです。ただ、彼らは企業経営者なので、現実を見ずにぼやいているだけということはあり得ません。

垣根 確かに、ぼやきはするけど、やるべきことはしっかりとやるし、見てもいる、という感じですね。

呉座 興福寺は、事実上、現在の奈良県を治めている領主のような存在ですので、その辺りの守護大名に匹敵するぐらいの力を持っていました。一国の経営者とみるべきです。

垣根 『金貸しの日本史』(水上宏明著、新潮新書)という本を読んで一番驚いたのは、比叡山が貸金業をしていたということです。坊主の銭儲けとは、一瞬とんでもないことだと思ったのですが、よくよく考えてみると、集めたお金を単に諸経費の支出にまわしているだけでは、延暦寺は勢力拡大どころか維持すら覚束《おぼつか》なかったでしょうね。

呉座　そうですね。永代供養なども、未来永劫《えいごう》、家が続くことを前提に、先々の供養をしてもらうお礼としてお金を寄付しているので、そのお金をきちんと運用して膨らませていかないと、永代供養はできません。

垣根　叡山の地位や権威だけに胡座《あぐら》をかいていたら、やがて干上がることは必至で、経営者の視点をもって資産の運用をしなければならない。

呉座　仏事などもすごくお金がかかりますので、結局お金がないと寺はやっていけません。

垣根　寺社仏閣は、昔も今も京都の経済を支えてますもんね。

呉座　そうです。結局、比叡山のお金が土倉に流れて、その土倉がお金を貸すという形で京都の経済が回る。単純に「中世は武士の時代」だとは言えないわけです。

垣根　それ以前の時代は、ここまであからさまに貸金業をしていたのですか。

呉座　していないでしょうね。そこは室町時代の特徴だと思います。また、室町時代になって初めて各地の名産品が生まれました。宇治のお茶や、美濃《みの》の紙というような特産品が生まれるようになります。この特産品というのは要するにブランド品のことですので、ブランド品が成立していくというのは極めて資本主義的です。

垣根　食べていければ、それで満足だという時代ではなくなってきた。

呉座　そうです。ただ食べられればいいということではなく、ブランド品で自分を飾るというようなところが重要になってきます。作る側も、昔はともかく食べるものを作るだけだったのですが、それよりも特産品を作ったほうがもうかるので、そのようなものを作るようになります。これが室町時代の飢饉の原因の一つではないかという説もあります。つまり、皆で食べ物を作っていればいいのですが、あまり腹の足しにならないようなお茶などを作ってしまった。そうすると、経済が回っているときはお茶を売ってお米を買えばいいのですが、いざ凶作になってしまって米がとれないというようなことになると、非常に苦しくなる。しかも、そのようなブランド品は、公家やお寺などの領主が作らせていたりするわけです。なぜなら、平常時はそちらのほうがもうかるからです。これは途上国で問題になる、いわゆるプランテーション農業というような感じですね。

垣根　大資本が入ってきて、バナナばかり作らせる（苦笑）。

呉座　そうすると、気候変動などで世界的に凶作になったときにバナナしかないというようなことになってしまって、農作物を作っているはずの農民が飢えてしまう。

垣根　『ワイルド・ソウル』という小説の取材で南米をまわり、そのとき痛感したのは、ヨーロッパとアメリカに対する反感は半端でなく、根深い、ということでした。欧米の植民地から独立したあとも、プランテーションで食べていくしかなく、依然として植民地のままだ、といった意識を持った人が大勢いました。

呉座　自分たちの口に入るものではなくて、先進国の人たちが口にする嗜好品を作らされています。これは室町時代も同じで、自分たちが食べるものではなくて、結局京都にいる公家や僧侶のためのものを作るようになるわけです。

垣根　平時のときは実入りも良い。ただ、ひとたび異変が起きると、嗜好品ゆえに、たちまち必要とされなくなる。

呉座　農家なのに手元に食べるものがないという悲劇が生まれます。

垣根　大飢饉や合戦などの天下の一大事が起きなくても、貨幣経済には好況不況の波がつきものですからね。

呉座　そうです。そのような形で、ともかく金になるものを作るという流れになってきたのが室町時代で、だからこそバブル的なわけです。食べられるものより金になるものです。

垣根　鎌倉時代までは割と物々交換ですよね。

呉座　鎌倉の後ろのほうになってくると違ってくるのですが、初めの頃はそうですね。

垣根　物々交換の時代は、個人の才覚や能力はあまり問われませんよね。でも貨幣経済が発達してくると、それまでは村社会で同じことを考えていた人たちの中から、違うやり方を考え出したり、実行に移したりする者が現れて、人間の多様性が生まれる。

呉座　それによって格差が生まれたりもするわけですね。

垣根　富裕層が現れると、文化や娯楽も生まれます。貨幣経済や格差の広がりは悪い面ばかりでなく、良い面も無視できない部分がある。

呉座　そうですね。室町時代は、うまくいっているときは非常に活力のある時代でした。

システム崩壊の時代を生きる

垣根　応仁の乱とはいったい何だったのか。そう考えてみると、ある種のシステムの崩壊だったと言えるのではないですか。

呉座　おっしゃる通りだと思います。『室町無頼』にもお書きになられていますが、京都が地方から富を吸い上げるというシステムそのものがうまくいかなくなったわけです。武士は質実剛健なイメージが強いですが、室町時代の守護大名である細川や山名という連中は、基本的には京都に住んでいます。そして、公家やお坊さんと一緒に歌を詠んだり能を見たりしている存在なので、貴族的なところもある。地方から富を吸い上げて、その富で京都が栄えるという構造だったわけです。それが限界にきていて、機能不全を起こした。だからこそ毎年のように土一揆や徳政一揆が起きるという形になり、その矛盾がたまりにたまって応仁の乱になったということです。その応仁の乱によって京都中心の構造が崩れて、地方の領国に根を生やして統治する戦国大名の時代になります。

垣根　それまでの守護大名は、自分たちは在京のまま領国の統治を代官に任せ、放置していたんですよね。

呉座　そうです。結局金が国元から京都に上がってくるという、まさにマネーだけの関係で、自分の領国でどのような百姓たちがどのように耕作しているのかということは全然知らない人たちです。ただ一方的に金を吸い上げているだけ。しかし、それでは成り立たなくなってきて、結局皆自分の国元に帰っていって、百姓たちと向き合う形で統治を進めていかざるを得なくなった。それがいわゆる戦国大名ということになります。今までの統治システムが限界にきていたので、それが応仁の乱の根本的な要因ではあると思います。ただ、あのような形で破局に至ったのは、足利義政や細川勝元《かつもと》や山名宗全《そうぜん》の判断ミスのようなところがあった。

垣根　今の日本も同じで、政治家と官僚の失政や判断ミスもありますが、そもそもシステムが機能不全に陥っていることに問題の根本があるんですね。

呉座　制度というのは全部直線的に進んでいくものでもないので、実際に豊臣政権は貫高制から石高制に移行しています。銭換算から米換算になるわけで、経済学的にいえば逆行しているわけです。時としてそのようなことが起きる。

垣根　それは何故でしょう。

呉座　銭が信用できなくなったということです。当時の日本では朝廷や幕府が銭貨を鋳造せず、中国からの輸入銭を使っていました。中国からの銭の輸入が減少すると、欠けた銭や傷ついた銭など悪銭《あくせん》が市場に出回るようになります。そうすると悪銭の受け取り拒否とか、悪銭何枚でまともな良銭と交換するとかでトラブルになります。これがいわゆる撰銭《えりぜに》問題で、戦国大名は撰銭令を出して交換基準を定めようとしますが、その基準も大名ごとに違うので取引が非常に混乱する。結局、銭の貨幣としての価値が不安定になり、最終的にはわかりやすい価値のある米に回帰していくわけです。

垣根　織田信長も確か途中まで躍起になっていました。しかし結局は、切りがないので止めましたね。

呉座　うまくいきませんでした。結局、上から押し付けても駄目です。下でローカルルールがもうできてしまっています。

垣根　ローカルルールを潰せず、交換レートが複数あるのは、表と裏の経済があるということで、統治者、つまり政治に信用がなく、統治者が領民を掌握できていなかったことを意味しますね。

呉座　そのような意味では、むしろ室町時代はものすごく銭が飛び交った時代で、異例なのではないかという議論が最近はあります。一時的にすごく銭の信用が高まった時代です。何でも銭で解決していました。

垣根　応仁の乱の前頃は、京都の周辺だけ銭が発達したのですか。

呉座　基本的には他でも銭が使われています。『室町無頼』にも出てきましたが、遠隔地取引を円滑化するため、割符《さいふ》という為替手形が非常に発達しました。それはもはや現金ですらありません。

垣根　信用取引ですね。

呉座　最近研究が進んでわかったのは、室町時代はものすごく貨幣経済が発達するのですが、その後にまた衰えていきます。バブル的な、ともかく銭がすべてという時代になって、それが頂点までいった後、応仁の乱でクラッシュして、また衰えていくわけです。

垣根　資本主義社会が行き着くところまで行って、資本主義社会ではなくなってしまう。実際、江戸時代の一時期は資本主義とは違う経済原則で成り立っていたようにも思えます。

呉座　人類の歴史というのは、段階を追って徐々に発展していくというマルクス主義的な見方がかつて主流だったわけですが、室町時代の貨幣の発展とその後の衰退をみるだけでも、どうもそれは成り立たないということがわかります。一直線の発展はしない。

垣根　文化人類学の世界でも一直線で段階的な発展論は否定されているようですね。発展段階論は理解しやすいので、飛びつく人が多いのもわかりますが。

呉座　一直線に進むのであれば未来は見通せるわけですが、そうではないとなると、どのような未来が待っているかはわからない。まさに『室町無

垣根涼介著『室町無頼』上・下
（新潮文庫　各本体781円+税）

頼』の時代や応仁の乱の時代というのは、既存のシステムは明らかに崩れつつあるのですが、次に来るものが何なのかは誰にもわからなかった。

垣根　私も『室町無頼』では既存のシステムが崩れ、これから先どうなるかわからない時代のなかで、個人はどのように社会のなかに居場所を確保して生きていくかを、蓮田兵衛や骨皮道賢、吹き流し才蔵らに託して描いたつもりです。三者三様で、生き方のロールモデルとなりえているかどうかは、読者にゆだねたいと思いますが。

呉座　とても魅力的な人物造形だと思います。右肩上がりの時代が終わり、既存のロールモデルもマルクス史観も説得力を持たなくなった現代こそ、そうした歴史に学ぶべきなのでしょう。

第2章

対談

日本人は室町時代をどのように描いてきたのか

国際日本文化研究センター助教

呉座勇一

ござ・ゆういち

作家

垣根涼介

かきね・りょうすけ

室町時代はあまりなじみがない、よくわからないと耳にする。しかし、マニュアルありの生き方が通用しなくなった混沌とした現代の世界と重ねてみると、室町アンダーワールドの本当の姿と、そこに暮らした人々の生々しい息遣いが浮かび上がってくる。室町時代に心惹かれる二人に、この時代をどうとらえるべきかを語ってもらった。

ひとことでは言えない室町時代

垣根　僕は今まで歴史小説を六冊出していまして、そのうちの二冊が室町時代を舞台にした小説です。一般的には、室町時代は暗い印象というか、歴史ファンの間でもあまり人気のない時代とされていると思います。でも、僕は意外に好きな時代なんです。なぜかというと、室町時代の政治、室町幕府の姿というのは、アメリカの共和党政策をもっとひどくしたような、政府は何もやらない、非常に小さな政府という印象なんですね。

呉座　たしかに究極の「小さな政府」という感じですね（笑）。

垣根　室町時代に先立つ鎌倉時代だと、時代の精神というか、その時代を象徴する政治思想のようなものがあると思うんです。「御恩と奉公」とか「禅と武士」みたいなものです。そして、江戸時代になると「幕府と儒教」でしょうか。ところが室町時代は、幕府の権力が弱かったせいもあるんでしょうが、そういう、ある種「全体主義的」な押し付けの思想のようなものがないように感じて、そこが好きなんです。

呉座　おっしゃるところは、よくわかります。

垣根　逆に言うと、そういう押し付けの思想がなかったから、現在、日本的だととらえられている、畳のある部屋で茶室や床の間があるような生活スタイルが生まれたり、世阿弥の『風姿花伝《ふうしかでん》』のような、ある種の思想書が生まれたのではないかと思います。室町時代は、「この時代はこういう時代だ」という固定化した思想や観念の影響下にない文化、言い換えれば時代の影響下にない文化や思想が生まれた時代のように感じるんです。そこが、僕が室町時代に惹かれる理由なんじゃないかと思います。

呉座　なるほど。確かに室町時代って、日本史のなかでもつかみどころのない時代だと思います。それはいろいろなものがせめぎ合っている時代だからでしょう。武家は台頭しているけれど、公家や朝廷もまったく無力なわけでもない。一方で寺社勢力という宗教勢力も大きな力を持っている。政治・経済の主導権をめぐって諸勢力がせめぎ合うなかで、文化が生まれてきた時代と言えるでしょう。

鎌倉幕府が滅んだあとの建武新政の時期に、二条河原の落書という有名な文章がありました。政治を批判したり世相を風刺した内容ですが、そのなかにも地方と京都の文化が混じり合っている様子が描かれていたりします。今まで別個に存在していたものが混じり合っていく時代が、室町時代であるのは間違いないと思います。室町幕府は武家政権であるにもかかわらず、それまで公家中心の都市だった京都に拠点を置いたので、公家文化と武家文化が混じり合う。宗教でも祈祷中心の旧来の仏教だけでなく、精神修養的な武士の信仰である禅が本格的に京都に入ってくるというかたちで、いろいろなものが混じり合うなかで、新しい文化が生まれてくるという側面はあったと思います。そのために、「室町時代は○○だ」と語れるような、時代を主導するものが見えにくい時代ですね。

垣根　ひとことでは言えない時代ですね。

呉座　そうです。だから室町時代は「わかりにくい」という評価につながるのでしょう。逆に言えば、そこが面白いということも言えますが。

垣根　まさに、僕はそう思っているんです。だから書きたいという思いがわいてくるわけです。

「理想」と対峙する「世間」

垣根　絶対の正義などというものは、そもそも存在しませんが、その時代特有の社会的正義というものはありますよね。立身出世を目指すとか。

呉座　確かにそうですね。

垣根　それが一切なくなってしまったのが現代だと思います。長い昭和が終わり、平成になってそれが底を打ったと思ったんですが、令和になってますますひどくなっているように見えます。実を言うと、二〇二五年の秋から『週刊新潮』で新しい連載小説を始めるのですが、それが応仁の乱を舞台とする話なんです。

呉座　それは素晴らしい。

垣根　なぜ応仁の乱なのか。話が飛んで恐縮ですが、僕は今の時代を、いよいよ世界のデカップリング（連動せずに、切り離すこと）が始まったなあと見ているんです。これから恐らく、アメリカや中国、ロシア、インドなどの大国による陣取り合戦が始まるでしょう。それはある意味で、面白い時代になったなあと見ています。

さらに話がそれるようですが、僕は世界の国や地域でいうと、南米の国々が好きなんです。ヨーロッパの例えばアングロサクソン系の民族というのは、どこかに入植したとしても、人種的にも文化的にも混じり合おうとしないんです。ところが南米のラテン系の人たちって、ガンガン混じり合う。まあ過去に、男は殺して女はレイプしていたというのが実態なんですけどね。

呉座　混血というのが基本ですね。

垣根　そうです。料理とかを見ても、アングロサクソン系の料理よりも南米の文化混交のなかから生まれた料理の方がずっと旨いんです。食文化を見ても、さまざまな要素が溶け合って、常に新しいものが生み出されている。トラディショナルなものがない。常に流動して変化しているイメージです。それが室町時代と重なると、僕は思っているんです。何が正義で何が悪かもわかっていない。何が善で何が悪かもわかっていない。しかし、そもそも世界はそういう二元論ではできていません。二元論では語れない世界の象徴として、室町時代を、そしてグズグズの室町幕府と応仁の乱を描きたいと思っています。

呉座 なるほど。

垣根 現代のわれわれは、自由に生きているようでいて、国家や文化の目に見えないしがらみに縛られている部分があります。自分たちでもそれに気づいている。しかし、そういうしがらみが比較的弱かった時代もあったと思う。それがこの時代なのではないか。たとえば世界の覇者であったアメリカが、ベトナム戦争の時代に初めて自分たちの価値感を疑うようになった混沌とした時代。それに近いものが応仁の乱の時代にはあったように感じます。その意味で、現代を生きるわれわれが参考にするには、最も適した時代だと思います。

呉座 ご指摘の通りだと思います。室町時代は、全体としてどこに向かっているのかといった、明確な国家的目標がない時代だと思います。イデオロギー的な「こうあるべき」というものが希薄な時代でした。一方で、この時代は貨幣経済が本格化した時代でもありました。「こうあるべき」がないうえに貨幣経済が広がるわけで、結局、「なんでも金」になってしまう。信じられるものは金だけ（笑）。

垣根 まさに、そんな感じですね。

呉座 垣根さんの『室町無頼』は、まさにそうした世界観を描いていますね。

垣根 もちろんこれは創作ですが、銭がすべての世のなかで、しかし銭より価値のあるものがある。それは何か？　それは「情報」だという設定なわけです。

呉座 そうでした。

垣根 だから、逆に言うと僕は幕末は全然、書きたいと思わないんです。

呉座 日本の歴史のなかで最も「思想」が強い時代ですね。

垣根 尊王攘夷とか志士とか、その概念自体があまりにも類型的で好きになれない（笑）。

呉座 まさに「こうあるべき」「こうでなければいけない」という思想ですから。

垣根 数年前に足利尊氏を書いたんです。

呉座 『極楽征夷大将軍』ですね。

垣根　そうです、そうです。あれはもう、尊氏が何の中身もないグズグズな人間だから書いたんですす（笑）。思想の欠片《かけら》もない。人的規範もほとんどない。なんて素敵なやつなんだと。

呉座　『極楽征夷大将軍』のなかで、尊氏は世間そのものであるとお書きになっていますね。

垣根　そこに、尊氏を落とし込みたかったんです。

呉座　世間とは、ある意味で思想とは対極の存在です。「こうあるべき」という思想ではなく、「まあ、こんなもんだ」という（笑）。みんないろいろ考えるけど、結局は最大公約数的なところに落ち着くよね、というのが世間でしょう。それではダメだ、もっとちゃんと方向性を決めてきちんと生きていかなくちゃいけないだというのが思想。なるようになれというのが世間といってもいい。その意味では、たしかに尊氏は思想から最も離れた人物かもしれません。

垣根　以前の対談ではマルクス史観の衰退についても触れましたが、サルトルの実存主義もレヴィ・ストロースの構造主義によってふっ飛ばされてしまった。その流れは今も基本的には変わっていないと思うんです。思想とは、そういうものでしょう。だから僕は「べき論」みたいな思想がある方が苦手なんです。単純な好悪の問題なんですが。「べき論」を言い出すと、進化が止まるというか、変化が止まるという方が正しいかな。だから嫌なんです。で、その「べき論」のない時代が、室町時代ではないかと。銭がすべての時代です。正直にいうならば、「べき論がある時代」よりも「銭がすべての時代」の方が「マシ」だと思っています。

呉座　まだ「マシ」だと（笑）。

垣根　それが理想的だなどとは申しません。まだ「マシ」ということ。共産主義というのは理想を求め、理想を語るわけです。でも、それがどういう結果をまねいたか。答えはもう歴史に出ているわけです。では資本主義が理想的なあり方かと言えば、僕もそうは思っていません。しかし、理想を掲げる共産主義社会よりは、まだマシ。はるかにマシでしょということです。為政者の悪口も言えるし、「こう生きるべき」と言われても強制力はないでしょ、と。

だから、江戸時代の儒教的・朱子学的な精神も、僕はあまり好きじゃない。そのような理由で江戸ものは書かないし、御恩と奉公に象徴されるような武士の精神が確立した鎌倉時代も書きたいとは思わないんです。人とはこうあるべきとか、武士はいかに死ぬべきというような話には興味を感じません。

呉座　それは江戸時代の『葉隠《はがくれ》』が言うところの武士道みたいな話ですね。

垣根　いかに死ぬべきかを考えるのは、生き方の自由がないからです。

呉座　ああ、なるほど。

垣根　生き方の自由がないから、せめて最期は美しく死にたいと考えるんですよ。生き方の自由があれば、そんなこと考えませんよ。

呉座　確かにそうですね。楽しく生きればいいわけですから（笑）。

垣根　そんな平板なことになぜ気づかずに、武士道をありがたがるのかと思いますよ。

「べき論」で歴史を見ることの是非

呉座　室町時代のイメージの移り変わりについて研究者の立場から触れてみます。室町時代や室町幕府の評価が低かったのは、戦前以来のイメージがあるからです。それはまさに「べき論」の話でして、足利尊氏というのは天皇に逆らった逆賊である、これは大変けしからんと。そんなとんでもないやつが作った幕府など、最初から腐っているという評価が前提にある。だからこそ、室町時代の政治の研究はなかなか進まなかった。ではどうしたかと言うと、文化の方に研究の方向が振れたわけです。東山文化の研究、つまり室町時代の文化の研究は戦前から進んでいました。茶の湯や枯山水《かれさんすい》に代表される日本的な「わび・さび」の文化は、この東山文化に始まったという結論に至るわけです。つまり、室町時代は素晴らしい日本文化が生まれた時代だと評価して、政治の話にはあまり触れない。そもそも逆賊尊氏の作った政権なのだから、評価できないわけです。

では、皇国史観が否定された戦後になるとどうなったか。マルクス主義史観が全盛となったわけですが、事態はあまり変わらなかった。マルクス主義史観的にいえば、足利尊氏は天皇に逆らったわけですから、立派な革命家でなければ困るわけです。革命家であってほしいというべきか。ところが先ほどの『極楽征夷大将軍』の話で出たように、尊氏というのは何を考えているのかよくわからない。つかみどころのない人物です。革命家として少しもカッコよくない。せっかく後醍醐天皇に逆らったのに、革命を起こすどころか後醍醐と仲直りしようとしたりして、革命家らしくない。

垣根　だって、そういう人なんだから（笑）。

呉座　そうなんです。本人にその気がないからしょうがないんですが、マルクス主義の歴史学からすると、非常に都合が悪いし、理解もできない。で、その後の室町時代を見ていくと、金、金、金の時代になっていく。マルクス主義的な「べき論」の世界でも評価はできないわけです。

結局、室町時代は戦前の「天皇を崇拝すべき」という「べき論」で否定され、それとは違うかたちのマルクス主義的な「べき論」でも評価できなかった。尊氏は何を考えているのかわからない、その後継者たちは金のことばかり考えている。そうなると、マルクス主義的な理想の社会とも遠いので、評価は低いままだったわけです。

垣根　そもそも、その評価軸自体が間違っているようにしか見えないのですが。

呉座　まったくその通りだと思います。

垣根　皇国史観や英雄史観、あるいはマルクス主義史観と、イデオロギーは異なりますが、いずれにせよ歴史や人物を善悪で判断しているだけに思えます。

呉座　おっしゃる通りです。私が室町時代やこの時代の人々に魅力を感じるのは、後世の勝手な善悪の決めつけや思い入れに関係なく、よく言えば活き活きと、悪く言えば好き勝手に生きているところが面白いからです。

垣根　勝手な評価軸を押し付けた挙句、善悪を判断されてしまうのでは、室町時代の人々にとっては、ずいぶん迷惑な話ですね。

呉座　そう思います。戦前と戦後の歴史学は大きく変わったと言われていますが、必ずしもそうとは言えない、大きな問題を抱えてきたと思います。

垣根　いや、歴史小説の世界にも同じことが言えるかもしれません。通常、基本は英雄物語を書きたいという動機が強いのか、それでいて、例えば松永弾正《まつながだんじょう》のような悪人イメージの人物が出てくると、実は善人だったという話にするか、さらに捻《ひね》って、やっぱり悪人だったという話にしてしまう。僕に言わせると、それがどうしたという話です。善悪どちらかという話ですか？　完全に善人でもないし、完全に悪人でもないでしょ？　あなただって善人のときもあれば悪人のときもあるでしょう。善悪どちらかなんて、ときと場合によって、社会の構造や立ち位置によって変わるものです。どうもうまく言えませんが、そういう薄っぺらな人間理解は好きになれないんです。

呉座　主人公は世のなかを良くしようという志を持つ人であるというパターンになりがちですよね。

垣根　世のなかを良くしようとした人と言えば、むかしレーニンという人がいまして（笑）、そのせいでエライことになったわけです。だったら欲得で動いてくれた方がどれだけマシかという話です。

呉座　それはそうです。ロベスピエールだってポル・ポトだって、理想のために戦ったのでしょうから。

垣根　唯一、うまくいったのはアメリカじゃないですかね。

呉座　そうかもしれません。

垣根　そう考えると、アメリカはやはりたいしたものです。アメリカでは曲がりなりにも理想社会が成り立っている。あくまでもシステムとしてですよ。現実的には貧民がものすごくたくさんいて、貧富の差も激しいわけですが。矛盾するようですが、室町時代って、アメリカっぽい社会ととらえてもいいような気もしますよ。金がすべての、弱肉強食の社会という意味で。

呉座　たしかに、それが室町時代の特徴です。

垣根　しかし、結果として見れば、国家のレベルでいうと、人も物も活き活きと動いている。社会全体から無意識の圧のようなものが希薄だったからでもあるでしょう。

呉座　同調圧力のような世間の圧が、比較的希薄な時代だったでしょうね。私が室町時代に魅力を感じるのも、そうした圧から比較的自由に動いていた、時代のダイナミズムを感じるからだと思います。人も物もよく動く。しかも好き勝手に。だから何が起こるか予想できない時代です。昭和の終身雇用の時代であれば、江戸時代を一つのモデルとして学ぶべきなのかもしれませんが、いまの時代には、あまり参考にはならないような気はします。

垣根　江戸時代を描く時代小説を読んでも、僕にはあまり共感できないんですよ。そういう時代はもう終わってるんだけど、としか感じない。現実は、もう誰もが手探りで生きている状況で、そのかわり何も強制されないという時代になっているわけです。先ほども言いましたように、「この時代はこうだ」とひとことで言える時代は参考にならないと思います。室町時代の人気がないのは、ひとことで言えない時代だからでしょう。

呉座　そうだと思います。でも逆に言えば、ひとことで言えない時代だからこそ研究する意義があると思いますし、面白いともいえます。この時代はこうだと簡単に言えてしまう時代であれば、研究しても面白くないですし、おそらく研究する意義もあまりないのではないかと思いますね。つかみどころがないからこそ魅力がある。

闇バイトは「令和の足軽」

垣根　室町時代を描くには、階層ごとに「この階層はどう生きたのか」という切り口をひとつひとつ設けて描いてみたいと思うんです。実を言うと、先ほど触れました応仁の乱を描く作品では、骨皮道賢《ほねかわどうけん》などと同じ足軽大将の馬切衛門太郎《うまきりえもんたろう》を主人公として応仁の乱を書いてみようと思っています。最初は「女郎大名」というタイトルで、畠山義就《よしひろ》を主人公にしようと思ったんです。でも正直に言いますと、文章を自動生成する「ＣｈａｔＧＰＴ」って、いまだいぶ優秀になってきて、畠山義就が女郎の子だという出自や生い立ちをインプットして、寺に預けられて、戻ってきて家督争いを起こして、応仁の乱を起こした急先鋒になってと、史料から読み取れるデータをいれていったら、「ChatGPT」が適正化を繰り返して、よほどうまく整合性のとれた執筆をしてくれると思ったんです。少なくとも、作品が完成する二、三年後には、その可能性が高い。そう思って止めたんです。

それに畠山義就だと、歴史的事実を無視するわけにはいきませんから、おそらく史実に引きずられてしまう。足利尊氏を書いたときにもそれで苦労したんですが、史実にからめとられてしまいます。だから『室町無頼』を書いたときの方式で、馬切衛門太郎という、おそらくあまり頭もよくなくて馬鹿力だけが頼りの人間が見た応仁の乱を描きたい。なぜなら、理屈で応仁の乱を語っても仕方がないからです。怖い！　とか痛い！　といった体感で応仁の乱を切り取る描き方を目指しています。それなら僕という生身の作家が応仁の乱を描く意味があると思います。

呉座　なるほど。ある意味でうらやましいなと思ってしまいます（笑）。私が『応仁の乱』を書いたとき、歴史書として書いたので、どうしても社会の支配層に視点をあてて史実を明らかにするというスタンスをとらざるをえませんでした。本来、応仁の乱の本質を描こうとするならば、社会の底辺を生きる足軽のような存在に光をあてなければならない。しかし、そうなると絶対的に史料が少ない。だから歴史家として歴史の本を書くとなると、どうしても足利義政や畠山義就、山名宗全、細川勝元といった支配者たちの権力争いにフォーカスをあてざるを得ないという事情はあります。しかし、時代の本質はむしろ下層社会を生きる足軽のような存在に現れるのだと思います。

それは現代においても同じだと思います。この令和の時代を象徴しているのは、首相の石破茂さんではなく、闇バイトだと私は思います。

垣根　石破さんは申し訳ないけれど、ひとかけらも時代を象徴してはいないと思う（笑）。

呉座　石破さんのことを書いても、令和の現代を説明したことにはならないでしょう。「いま」を説明しようと思ったら闇バイトを書いた方がいい。そして、闇バイトとは何かというと、令和の足軽だと私は思っているんです。

垣根　そういう発想なんですね（笑）。それはうまいかもしれない。徒党を組み、社会の隙間を縫ってこっそり悪いことをしている名もないやつらですから、まさに足軽だ

（笑）。それは面白いですね。庶民層の史料があれば一冊書けますね。

呉座　そう思います。垣根さんが足軽の視点で応仁の乱を描こうというのも、発想は同じではないですか。

垣根　確かにそうです。「ノリ」は同じですね。

呉座　令和であれ、応仁の乱の時代であれ、時代の本質を切り取ろうとしたら、権力者たちの権力争いではなく、社会の底辺を生きる人間の実像に目を向ける必要があると思います。

インデックスファンドと室町時代

垣根　先ほどの「ＣｈａｔＧＰＴ」の件を少し補足しますと、たしかに今の「ＣｈａｔＧＰＴ」は優秀で、これからもっと進化するでしょう。実際に畠山義就を描くのであれば、半分以上は作品を作り上げてくれる。そこに僕のような作家がうまい具合に情緒を足していけば作品にはなる。

呉座　そうなんですか。

垣根　でも基本はコンピューターが作っているので、最終的にはダメだと思うんです。僕は株や債券もやっているんですが、例えば株の世界では、もう十年くらい前からＡＩとかディープラーニング（深層学習）の話になっています。こうすれば必ずもうかるという経済合理性に基づくプログラミングはすでにできていたんです。それを今ではシカゴやニューヨークのヘッジファンドが高速運用しています。しかし、それでもインデックスファンドという、何の変哲もない時価総額加重平均型の投資信託にはかなわないんですよ。なぜかというと、人間には恐怖と欲望がありますが、コンピューターにはそれがない。今のところはですが、おまけに性欲もないし、眠たいともおいしいものを食べたいとも思わない。人に対する嫉妬もない。要するに世の欲望の蠢《うごめ》きがわからないんですよ。理屈を積み重ねていくと、そうなる、そうなるべきという答えは出せるんですが。

呉座　まさに先ほどの「べき論」の世界ですね。つまり「べき論」を語るのであれば「ＣｈａｔＧＰＴ」に書かせた方が早いと。

垣根　そういうことです。畠山義就でいうと、歴史的な史実をある程度並べていけば、「べき論」ができてしまう人なんです。おそらく。そしてストーリーとしてはそこから外れることができない。僕は学者さんではないので、史実を追究する立場ではありませんが。であれば、想像力を働かせてもっと隙間のある人物を描いた方がいいと思ったんです。一方で、足利尊氏などは確認できる史実はいっぱいありますが、誰も「ボンクラ」としては書いてこなかった（笑）。だから僕が書きたかったのは、ボンクラの尊氏であり、ボンクラだからこそスゴイんだということなんです。

呉座　まさに、そういう作品だと思います。

垣根　それって、さっきのインデックスファンドと同じなんですよ。後醍醐天皇とか楠木正成、新田義貞は、メチャクチャ優秀なハードディスクを積んだ人間なんです。でも、そのハードディスクでは限界があるところで世のなかは動いているわけです、現実は。だったら、何もわからずに世のなかの雰囲気に乗っかっていたほうが、短期ではともかく、長期では勝ってしまう。インデックスファンドも同じで、資産運用の世界では、ありとあらゆるヘッジファンドに、大まかにいって九割方は勝ちます。そのあたりは、すでにノーベル経済学書を受賞したハリー・マーコウィッツあたりが証明しているはずです。だから正しいというわけではないんですが。

呉座　実感としてわかる気がします。結局、理屈ではつかめないのが現実の社会であり、世のなかであるわけです、頭の良さからいったら後醍醐や楠木正成の方が上でしょう。

垣根　まったくもって、そうです。

呉座　では、なんで尊氏が勝ったのか。それは『極楽征夷大将軍』で描かれたように、尊氏が当時の世間や社会と一体化しているからだと思います。

垣根　何も考えていないやつって、今の世のなかでも強いですよね。何も考えず、何の疑問も持たずに世間の波に乗れるやつは、強いと思います。

呉座　確かに。人間はどうしたって人とは違うことをして目立とうとしたり小細工を弄して人を出し抜いてやろうと考えがちです。その意味では、何も考えないというのはやれそうでなかなかできないことです。

垣根　そうなんです。そして、尊氏の何も考えていない感じが、ある意味で室町時代を象徴しているようにも思います。尊氏を書いていて思ったのは、彼の一番の間違いは、高師直《こうのもろなお》に政治を任せず弟の直義に任せてしまったことではないかと。直義もそれを求めてはいなかったと思いますし。でも尊氏は、自分の分身だと思う直義に何も考えずに幕府を任せてしまった。それが観応《かんのう》の擾乱《じょうらん》を招いたわけです。直義をただの連枝《れんし》として扱い、師直に幕府を任せてしまえば、なんの問題もなかったんじゃないかと思います。結局は尊氏が一番悪いわけです。

呉座　まあ、そうですね（笑）。

垣根　しかも当の本人は、高師直と直義が死んでも、のうのうと生きているわけです。そういう不条理的な感じも、僕は好きですね。

呉座　歴史学者が尊氏のことを「よくわからない」としてきたのは、さっきの「べき論」を前提にしていたからで、幕府を作ったほどの人物＝英雄であるなら、何か明確な目的があったはずだと思いこんでしまう。ところがどんなに調べても目的が見えてこないので、「なんなんだ、この人は」で終わってしまう。でも、そうじゃない人もいるわけです。

垣根　まさに「そうじゃない人もいる」ということを書きたくて、あの作品を書いたわけです。あえて目的があったのは誰かと言えば、直義でしょう。

呉座　そう思います。

垣根　でも、直義も足利家存続の必要に迫られてそうなっただけで、別に天下を取りたかったわけではない。そうなると、誰も野心家はいなかったという話になってしまう。まさにそのグズグズさ加減が室町時代を生んだわけです。

呉座　要は時代を特徴づける「芯」がないんですね。「べき論」で語ろうとすると、室町時代はよくわからない。だから敬遠するというのが学界の流れだった。仕方がないので、土一揆《つちいっき》は民衆蜂起で、革命的だったという方向で室町時代を説明してしまった側面があると思います。

垣根　『室町無頼』で土一揆を書いたとき、一応、時代の変化や変革を予感させるような書き方をしました。そうしないとエンタメ化しないので。でも実際には、その後に帝政と共和制が繰り替えしたフランス革命のように、そのあとに五、六十年もぐちゃぐちゃな時代が続くわけです。最初に民衆の反乱という素地があって、社会が壊れはじめ、応仁の乱という地獄のような戦争が京都で十年続き、戦国時代に突入していく。

　でも結局、応仁の乱以降、江戸時代になるまで「べき論」とは無縁だったと思いますね。いや、もしかすると室町時代が始まってからずっとですかね。

呉座　室町時代は「べき論」の時代ではなかったと思いますね。室町時代は中世に位置付けられますが、中世がいつ終わって近世になるかというのも、実はかなり議論のあるところです。

垣根　やはり信長の登場が一つの転換点と見るべきでしょうか。

呉座　信長を近世の始まりと見るか、秀吉を始まりと見るか、さまざまな考えがあります。近年は、むしろ近世の始まりをもう少し遅らせる傾向があるようです。中世の定義自体が難しいという問題があるのですが、一つの指標はやはり戦乱の世かどうかということでしょう。そう考えると、確かに信長の登場によって戦乱が収まり天下統一の方向に向かいますが、また戦乱が起こるのではないかという空気は残っている。だから江戸幕府ができた後も、大坂の陣の際には大坂城にたくさんの牢人が集まり、一旗揚げてやろうという機運が高まったわけです。そうした時代の空気にとどめを刺したのは、島原・天草の乱でしょう。これを境に、戦で手柄を立てて一国一城の主になろうというような「戦国ドリーム」は完全に消滅します。だから、この島原・天草の乱以降が本当の近世だという議論もあります。

戦国大名と信長の天下

垣根　そもそも論ですが、戦国時代って誰もが一国一城の主を目指していたんですかね。生き残りを賭けて戦っているうちに、結果論として大名になったという場合もあったんじゃないでしょうか。

呉座　それはその通りです。土豪や国衆《くにしゅう》と呼ばれるような武士たちが自分の領地を守ることを最優先したのはもちろんですが、英雄視されがちな戦国大名ですら、基本的には国境を接した勢力同士が、領地を守るために戦ったのだと思います。大名権力同士の境界域をめぐる紛争で地域住民や在地勢力の安全保障をしなければ、大名権力の統治の正当性が疑われてしまうわけで、いわば義務として仕方なく戦ったのが戦の大半だったと思います。

さらにいえば、大名が領国をどんどん広げて、やがては京都に上って天下を取ってやろうなどと考えていたということはないですね。

垣根　時代は違いますが、そう考えると画期的だったのは大江広元と源頼朝ということになりますかね。彼らは明らかに武家政権を樹立しようと意図していたんですよね。

呉座　確かにそうですね。とはいえ頼朝も最初は一か八かで挙兵してますし、大江広元のような京都でくすぶっていた下級貴族たちは、このまま京都にいてもうだつが上がらないので関東のベンチャー企業に潜り込んだら幹部になれたからイケイケドンドンという感じでしょうか。負け組の一発逆転によって鎌倉幕府が作られた側面はありますね。

垣根　そうなると、意図的に新たな政権を作ろうと考えて行動した人間は、信長まではいないということになりますか。いや、信長もどこまで意図的だったかというと、難しいですね。それとも唯一例外的に信長はやったとみるべきか。

呉座　信長は最初から新しい世をつくろうと考えていたというより、京に上って政権を運営するうちに方向性が見えてきたというのが実際のところだと思います。何しろ四方を敵対勢力に囲まれていますから、そこまで手がまわらなかったんじゃないか。新しい世のなかのグランドデザインなんて考えていなかったと思うんです。それがだんだん敵を倒していくうちに、政権のありようなども考えるようになったのだと思います。

実は信長は、領国の検地を行ったのかすごく遅いんです。検地は、秀吉の太閤検地がそうであったように、新しい国づくりの基本を作る先進的な取り組みとして評価されています。小田原の後北条氏などは、かなり早い段階から検地を行っています。なぜ信長が遅かったかと言えば、おそらく戦ばかりやっていて、その余裕がなかったからでしょう。信長って本当に戦ばっかりやってますから（笑）。

垣根　確かにそうですね。

呉座　ですから信長は、武田を長篠合戦で破って弱体化させるなど、ある程度、敵をおとなしくさせてから検地をやっています。最初はそんな余裕はなかったのでしょう。

垣根　最初は遊びでサックスを吹いていたら、だんだんその気になって「俺っていけるんじゃないか」と思い始めたみたいな（笑）。

呉座　デビューをしてから「もともとプロを目指していた」と後付けの理屈を足していくような感じでしょうか（笑）。

信長が天下人であることを意識し出したのというのは、かなり後のことだと思います。上洛してからも、あくまでも将軍足利義昭がいますから、信長はそれを支えるという意識だったと思います。司馬遼太郎さんの『国盗り物語』以降、義昭は初めからお飾りで、信長はやがてこれに取って代わるつもりで義昭を利用したというイメージが一般化しましたが、最近の研究では、あくまでも信長は義昭を立て、自分はナンバー2でいいと考えていたようです。ただ時が経つにつれて、義昭との考え方の違いが表面化して溝が広がったので、見切りをつけて追放したのでしょう。そしてその段階で、ようやく自分が天下人、つまり政権担当者であるという自覚をもったのだと思います。

垣根　「走りながら考える」という感じですかね。

呉座　信長は明らかに「走りながら考える」人だと思います。

垣根　そう考えると、だいたいの人は「走りながら考え」てますよね。

呉座　そうですね。にもかかわらず、いったん成功をすると、はじめからそういう結果を目指していたと言い出す（笑）。

垣根　それはたぶん、昭和の時代にモデリングがあったからでしょう。この大学、この企業に入れれば一生安泰という。だから結果から見た「いま」を決められるという時代だったのかもしれません。でも、もうそういう時代じゃない。

呉座　司馬遼太郎さんの小説が熱狂的に迎え入れられた時代には、結果から逆算して目標に向かって順調に進んできたという物語が、当時のサラリーマン世代には説得力を持ちえた、リアリティがあったということなのだと思います。でもいま読んでみると、そんなにうまくいくわけがないじゃないかとツッコミたくもなる部分もあります。

垣根　昭和の時代の歴史小説には、ある種のメルヘンとしての要素があったんですよ、たぶん（笑）。だから、サラリーマンもメルヘンを愉しむことができたし、労働闘争のような、今から考えると能天気なこともできた。一応、僕は十年くらい勤め人をやっていて、労働組合の仕事なんかもしていたんです。その経験からすると会社単位、あるいは社会全体が傾いてくると、組合の力も落ちてくる。元がダメになると労働者の権利もダメになってしまう。それが現実なんです。

呉座　経済が右肩上がりで景気も良ければ、待遇改善や賃上げの要求も成立するでしょうが、赤字の会社に賃上げを求めても通るわけがないですね。

垣根　実際、これからホワイトカラーってどれだけ必要なんだという議論になってしまいますね。

呉座　まさにＡＩや「ＣｈａｔＧＰＴ」で代行してしまうわけです。

垣根　マニュアルや整合性で済む仕事は、基本的には「ＣｈａｔＧＰＴ」の判断で済んでしまう。むかし、サラリーマン時代の嫌な上司が、一回だけいいことを言ったんです。僕たちは当時、雑誌の制作の仕事をしていたのですが、「これからの俺らに必要とされるのは、物事のファジーな部分の判断なんだよ」と言ったんです。右が左か、○か×かという白黒の判断は、今後は「ゼロイチ」のコンピューターが判断するということを見越した発言なんです。それも平成元年での段階です。

呉座　それは先見の明ですね。

垣根　二者択一、正しいか正しくないかといった判断は、コンピューターなり人工知能がやってしまう。人間がやるのは非常に曖昧模糊とした状況での判断。どちらが正しいとも言いづらい判断くらいしか残らないという意識があったんですね。今でも記憶に残っています。

マニュアルが通用しない時代

垣根　話を室町時代にもどすと、あの混沌とした時代は、ほとんど自主的な意志を持たない人にとっては、地獄のような時代だったように思います。しかし、その状況下でなんらかのことを企《たくら》もうとしていた人たち、たとえば土倉《どそう》のような人にとっては天国のような時代だったのかもしれません。あくまでも経済の面で見ればですが。

呉座　そうだと思いますね。まさにマニュアルが通用しない時代ですから。逆に言えば、公家などはずいぶん苦労したと思います。公家って本来、先祖が残してくれた日記という名のマニュアルに則って、先祖のやってきたことを踏襲すればよかったわけです。その前提が崩れてしまうという状況です。当時の公家にとって何よりも大事なのは、朝廷で行われる儀式を、先祖の残したマニュアルにそって、作法通りに間違いなく実行することでした。ところが応仁の乱によってそもそも儀式が行われなくなってしまったわけです。そこで彼らが何にアイデンティティを見出そうとしたかというと、古典の見直しなんです。応仁の乱の時期、一条兼良らによる『源氏物語』研究が始まっています。現実の朝廷が事実上、機能していないという状況で、古典を通じて朝廷の本来あるべき姿を何とかして復元したいという思いがあったのだと思います。

垣根　今でもいますね、令和の今に昭和の価値観を取り戻そうと、虚しい努力をする人が（笑）。

呉座　応仁の乱のような状況になり、現実逃避ともいえる古典の世界に耽溺して、「こうあるべき」という古き良き理想を追い求める人もいれば、一攫千金《いっかくせんきん》のチャンスではないかと蠢動《しゅんどう》する人もいる。それぞれが思い思いに動いているところが、私などは非常に面白いと思います。

垣根　僕もそう思います。

新しい中世の可能性

垣根　おそらく今後、日本だけでなく世界中がぐちゃぐちゃになっていき、その勢いは加速していくと思います。正直なところ、この三十年くらい続いた世界平和の時代は終わったかなという感じがしています。デカップリングが起きると、分断された双方で同じ製品を作る必要が出てきて、原材料の奪い合いなどで製品一つあたりの単価は高くなり、物価は間違いなく上がります。インフレはずっと続くでしょう。これを明るい見通しがない絶望的状況ととらえるか、新たな商機ととらえるかは人それぞれでしょう。正直、日本国債よりは長期米国債を買ったほうが、今はまだはるかにマシでしょう。

呉座　米国債と金くらいですかね、信用できるのは。

垣根　ただ、米国債も遠い先では怪しいですから、金だけかもしれません。ドルだけに頼っているとヤバイと思い出した国がいっぱいあるんじゃないですか。いずれにせよ、世界が統一性を失いつつあるのは間違いないでしょう。それは、日本で言うところの中世に戻りつつあるのかもしれません。それは、モデリングを求める人にとっては、つらい時代かもしれませんが、見方によっては面白い時代かもしれません。

呉座　応仁の乱の惨禍のなかで生きていた人々と一緒ですね。悲劇や苦難ととらえる人もいれば、したたかに混乱を利用してのしあがろうという人もいる。

垣根　そうです。世の中には護送船団方式や同調圧力が心地良いという人もいれば、たった一人、自前の小舟で海に漕ぎ出してちょろちょろするのがたまならく好きだという人もいます。その意味で言うと、室町時代というのは思い思いの船でちょろちょろと動き回る時代だったように、僕には思えます。だから好きなんです。「べき論」では動いていない。

呉座　おっしゃる通り、そういう時代だったと思います。令和の現在はマニュアルや「べき論」では通用しない時代になってきているという認識です。

垣根　そうですね。室町時代は従来の規範が崩れて、マニュアルが通用しない混沌とした時代で、よくわからない時代だといいますが、今の現実がそれに近くなっているわけですから。そんな呑気なことを言っている場合ではない。現代も応仁の乱の時代も、先の見通しがない時代だとネガティブに語る人もいますが、先の見通しが立つ方が、逆に怖いような気もするんですが（笑）。

呉座　それはそうですね。自己啓発的なもの言いとして、「ビジョンを持て」とよく言われますが、私は以前から違和感があるんです。一寸先は闇のこのご時世に、どうやってビジョンを持てというのか。そうした主張の背景には、ビジョンを持って、それに向かって一歩一歩積み上げていくのが正しいみたいな昭和的な価値感があるんじゃないですかね。

垣根　ありますね。言いたいことはわかります。でも個人の一生を見ても浮き沈みや変容はあるもので、社会全体であればもっと多様です。そのなかで正しい生き方なんてものを求める必要があるのか。僕は離婚経験があるんですが、結婚したときは離婚しようと思って結婚したわけじゃない。

呉座　それはそうです（笑）。

垣根　でも離婚しても、特に困ったこともなく暮らしています。人生を予定通りに生きるなどということはありませんし、そんなことに意味があるとも思えません。だから世界がデカップリングで混乱しても、それはそういう方向に行ったというだけのことで、それに必要以上の意味をもたせて悲観したり自棄《やけ》になる必要など何もない。室町時代や応仁の乱を見ると、それがよくわかります。

呉座　同感です。私が室町時代を研究する楽しみや喜びも、そこにあります。

垣根　僕は、作家は小説という作品を作っている技能労働者だと思っていますが、歴史学者というのは、物的証拠を積み上げていって歴史を描く仕事で、憶測でものを言ってはいけない。作家は、歴史的事実は無視できませんが、憶測や解釈で語ることができる仕事です。ですから歴史をネタにする隙間産業といえるかもしれません。

呉座　いや、私も歴史の世界に引きずり込まれた最初はフィクションを通じてですから、とてもありがたいことだと思っています。垣根さんの作品を通して室町時代に興味を寄せる若い人が増えたのは間違いありません。応仁の乱そのものをお書きになる予定とのことですので、とても楽しみにしています。

垣根　機会があれば、ぜひまた書評をお願いします（笑）。

第3章

対談
歴史研究と歴史小説の接点とは

関西学院大学教授
早島大祐《はやしま・だいすけ》

作家
垣根涼介《かきね・りょうすけ》

垣根涼介さんの小説『室町無頼』の土台には、近年の室町時代研究によって明らかになった数々の史実があった。作品誕生に研究者としての視点から助言を行い、作品世界を支えた早島大祐さんと、二十一世紀にふさわしい歴史像、歴史小説像について語っていただいた。

歴史的事実が商品価値を保証する!?

垣根　週刊新潮連載時と単行本刊行の際は、大変お世話になりました。

早島　最初はある出版社から「垣根涼介という作家さんが、足軽《あしがる》のことを聞きたいとおっしゃっている」と連絡があったんですね。そのときはそれっきりだったんですが、ちょうどそのとき『足軽の誕生　室町時代の光と影』（朝日選書）を書いていたんです。この本の刊行が二〇一二年なので、連絡があったのはその前年か二年前ですね。その後、本を書き終わって数年経ったら、今度は新潮社の方から「足軽のことを聞きたい」と同じようなメールが来たんですよ。垣根涼介さんというお名前は一致していたので、なんだろうな、と思って。それで、好奇心もあって詳しいお話を聞こうと。それからお会いして私の職場で打ち合わせ、という流れです。

垣根 書店で室町時代の資料を探してたんですよ。そうしたら早島さんの『足軽の誕生』があったので「これはおもしろそうだな」と買って読んでみたんです。当初は他社で新作を書くつもりで（笑）、その資料探しだったんだけど、担当者が異動になったりといろいろあって、新潮社で書くことにした。それからこの本をベースにして連載の『室町無頼』が始まったんです。もともと応仁の乱前夜の時代小説を書きたかったんですけど、足利義政《あしかがよしまさ》とか日野富子《ひのとみこ》とか細川勝元《かつもと》とか山名宗全《そうぜん》ではなく、別の誰かの視点にしたかった。その辺の人たちをテーマにすると、政治を書くことになるんですよ。

早島 そうなりますね。

垣根 応仁の乱前夜の政治状況は込み入っていて、とてもわかりにくい。ならば、政治状況でも支配層でもなく、地下人《じげにん》を通して、この時代を活写してみようと。とりあえず骨皮道賢《ほねかわどうけん》という、この時代に生きた足軽大将の地下人だけは、以前から知っていましたし。そう考えて編集者に連絡をつけてもらい、「レクチャーを直接受けたい」という経緯でしたね。

早島　それから二回くらいお会いしましたか。

垣根　そうですね。連載が始まる前でしたね。

早島　それが二〇一三年。もうそんなに経つんですね。

垣根　「金《かね》という言葉は使わない」とか、いろいろ示唆をもらって。

早島　あったなぁ（笑）。当時の人間が使うとしたら「鳥目《ちょうもく》」とか「銭」とかですね。セリフのところで「金」という言い方はしないでしょう、と。

垣根　小説の構想段階で、私がいちばんフォーカスを当てたいと考えた人物は、蓮田兵《はすだひょう》衛《え》、骨皮道賢、馬切衛門太郎《うまきりえもんたろう》、この三人。いずれも当時の実在の人物ですが、いい意味でも悪い意味でも、京都の下層階級に生きている牢人社会の人間ですよね。そういう人物からその時代を見たほうが、よりその時代をうまく活写できるだろう、と。そんな視点から始まったのが、この『室町無頼』の企画ですね。

早島　室町時代の小説を書かれるとうかがって、私としては「奇特な方がおられるもんだなぁ」と（笑）。

垣根　版元からも「室町時代の小説は売れた試しがない」と言われてましたから（笑）。
早島　その一点につきますね（笑）。それで本当に興味が湧いて。その後打ち合わせをしてから新潮社で連載が始まって、私も毎週読むわけです。登場人物に骨皮道賢という名前が出ていて、最初は違和感があったんですね。でもできあがった単行本を読み進めていくと、連載時とは印象が違ったんです。一八〇度ではないですけど、大幅に改稿されていて。私がいうのもおこがましいですが、だんだん良くなっていくというか。そういうプロセスを見たのも初めてだったのでびっくりしました。それからずっと二年か三年くらい、骨皮道賢や蓮田兵衛の史料を読んでいると、小説の人物なのに「そういえばこいつ、こういう人間だったな」と思い始めて（笑）。
垣根　ははは。私の書いた人物像になっていったなら光栄ですね。
早島　こういう人物はもともと史料が少なくて、集めても二ページもいかないんですよ。蓮田なんて十行くらいで済んでしまいますからね。研究者としては、イメージを喚起するような変わった点なんて特にないだろう、と思っていた人物が、大きな躍動感をもって書かれている。まさに研究対象としていた人物が動き出すのを目の当たりにした、といった感じです。
二〇一六年九月に、『波』という雑誌のエッセイで「史実ではこうだった」みたいなことを書いたんですね。その後単行本が発売されて、本の売り文句に「史実をもとにした小説」と書いてあってびっくりしたんですよ。というのも、史実というのは我々研究者サイドは普通に守るべきスタンダードなんですが、一般の客層としては史実だけだとおもしろくない。少なくともそう思われていましたよね。それが、売り広告に「史実」という言葉が出てきた。つまり、「史実」が読者層に訴える売り文句として機能し始めたのか、と。いままでは史実といったらおもしろくないものだった。その流れで言うと、やっぱり室町時代はエンターテインメント的なイメージが薄い。

垣根　教科書に載るような史実だけ見れば、たしかに室町時代はエンターテインメント小説にはなりにくい。

早島　そうですね。室町時代を導入するとなると、まず「史実」の確認が不可欠な作業、というのがひとつ。もうひとつは、おそらく私の感覚では、その二〇一六年九月を前後にして「史実」が商品価値の保証になりつつあるのでは、と思ったと。早い話がＪ

ISマークみたいなものでしょうか（笑）。

垣根　この小説は作り物の嘘八百でなく、ベースに史実がありますというのは、今は「売り」になると思いますよ。

早島　小説はおもしろいことが第一ですから、山田風太郎的な荒唐無稽さももちろんある。一方で、小説の世界で「史実」というのが、ある読者層を呼び寄せる言葉になったのかなと。その前提として、二〇一六年の大河ドラマ『真田丸』の時代考証で注目された丸島和洋さんや黒田基樹さん、平山優さんの活躍もあった。だから歴史が動いてるなぁ、と思いましたね。

垣根　私は基本方針として、いつ、どこで、誰が、何をしたか、という史実が残っていたら、その史実を無視したり、曲げたりするのではなく、史実を軸にして、あるいは史実に沿って、登場人物たちを動かすことにしています。

早島　垣根さんとのお仕事のなかでも「それは何月何日の出来事か？」という応答が、何度もありましたよね。垣根さんは、史実そのものは変えないのですね。

垣根　それは変えません。私は、どの小説でもそうです。ただし、史料にない空白の期間は自分の想像力を全開に駆使して埋めていきます。市中警護役を任されていた骨皮道賢は一四六〇年に渋谷口《しぶたにくち》で悪党を捕らえたという記録があり、その二年後に蓮田兵衛が寛正《かんしょう》の土一揆《つちいっき》を起こし、「終ニ遁《のが》レル処ナクシテ淀《よど》ニテ誅セラレケリ」と史書に記されています。

蓮田兵衛は牢人社会のボス的存在で、市中の牢人や農民を糾合して土一揆を起こしており、それを取り締まる側の骨皮道賢が、蓮田のことを知らなかったはずがない。また、道賢は同様に市中の牢人を集めて足軽を組織したくらいだから、二人は知り合いで、通じ合っていた可能性が非常に高い。このように史実を軸にして、空白を推理で埋めていきます。そして、ギャングのボスと悪徳警官が裏でつながっているように、持ちつ持たれつの関係が生まれ、二人の間にも何らかの取り引きがあったかもしれない、といった推測は成り立ちますよね。

私がここで書きたかったのは、応仁の乱直前の京都って、いまの東京にすごく似ている感じがするんです。相似形なんですよね。政治経済が一極に集中していて、そこに食い扶持《ぶち》を求めて全国から人が集まってくる。そういう感じで五百年前に、現在に似た構図があり、当時の支配層は金貸しに勤《いそ》しんでいた。いわゆる金が金を生む社会の仕組みになっていて、富める者はあくまでも富んでいく。寺社仏閣も金貸しをして儲《もう》けている。そうやって儲けている人間がいるということは、掠《かすり》（注：上前《うわまえ》）を取られている人間がいるということ。まさに二極分化だし、そういうところもまったく一緒でしょう。その相似形がポイントなのではないかと。ただし現代と違うのは、人権とか社会保障という概念はまったくない。ただ、そういう世界であるからこそ、より現代と相似形の問題が、室町時代の応仁の乱直前の時に剥《む》き出しで提示されていたはずだと思ったんです。それが、この企画の最初の段階ですね。私は物書きなので、どうしても個人目線からの悩みという話にシフトしていきますが、その苦悩を書くことによって、現代もしくは近未来に起こりうる何かをつかみたかった、というのが正直なところですね。

早島　小説の作法を赤裸々に教えていただいたな（笑）。

垣根　都合良く史実が転がっているわけではないので、その史実と史実との間の空白を、なるべく合理的に推測して、つないでいく。

早島　私がおもしろいと思ったことのひとつは、垣根さんはたぶん同時代の物事を取材される方法と、歴史を取材される方法が同じアプローチなんだろうなと。取材のやり方として、いま現在の人に話を聞いて小説の素材にするという方法も当然あるじゃないですか。そのアプローチと、歴史研究に対するアプローチが基本的に一緒。そしてそれが硬質なんですよね。あいまいなことはしない。

垣根　しないというか、それはしたくないですね。

早島　その感覚が途中で理解できました。最初は「どんな小説でどんなことを書かれるんだろう」と思っていましたけど、取材を受けていくうちに信頼度が高まっていきましたね。楽しい仕事でした。

垣根　小説は面白おかしくなければならない。ただし、そのベースにはきちんとした根拠がなければ、やはり面白おかしくできないんですよ。その世界に根差した何かの根拠がないといけない。だから私は、骨皮道賢にしても蓮田兵衛にしても法妙坊暁信《ほうみょうぼうぎょうしん》にしても、彼らの生活の糧を異常に克明に書きます。こいつらは何で食っているのか、と。何をして生計を立てているのか、ということを考えます。まずは、彼らの食う術の描写から始まる。それがリアルだと思っているので。そこをおざなりにしては絵空事になっ

『真如堂縁起』に描かれた足軽たち(真正極楽寺蔵)

てしまう。

　私は確かに応仁の乱前の室町時代の話を書いているんですが、そこに現代を映しているんです。時代の様相が似た中で、今を生きている私たちがいる。かたや、かつての京都に生きていた地下人たちがいた。その二つの対比のなかで、読者に何かを感じてもらう。結論がなくてもいいし、教訓がなくてもいい。ただし、そこで知的なインタレストさえ残れば、それでいいんですよ。そういう意味でも、斬った張っただけのエンタメではなくて、この剥き出しの時代、明日がわからない時代にどう生きるか、という話として読んでもらえれば、それはそれでいいと思うんです。

京都のランドマークに集う農民を想像する

垣根　早島さんの御本とレクチャーで、相国寺の大塔の存在を知ったのは大きかったですね。これを知って、私がひらめいたのが、相国寺の大塔や東寺の五重塔は、当時の人々にとってのランドマークだ、という点。

早島　大塔の高さに注目されたのはどのあたりからですか？　かなり初期の段階からおっしゃっていましたよね？

垣根　ずっと気になっていましたね。洛中の南から順にあちこち取材に行くと、必ずその近くの高台に登って、京都タワーが見えるかどうか、五重塔が見えるかどうかは常に確認していました。蓮田兵衛が土一揆を起こす際、「洛中のどこそこに集まれ」と地名を挙げて指示を出しても、わからない浪人や農民はいたはずです。でも「あの塔のところに来い」と言われたら、遠くからも見えるから行けるんですよ。特に相国寺の大塔のほうは、百九メートルもありましたからね。京の近郊からならどこからでも見えるから、あれに向かって進めばいいだけだと。そして次の蜂起の時点では、東寺を目標に据えた。わかりやすい。

早島　『波』の原稿でも、驚きをもって書かせてもらいましたけど、糺《ただす》の森の土一揆と幕府軍との戦いを「塔の下で起きた」と論じた研究者はいないですね。確かに、いつも彼らは東寺に逃げるんですよ（笑）。落ち合うように逃げる。だから「ああ、そう言われてみればそうだな」と思いました。先ほど都市のイメージのことをおっしゃっていましたが、私も『足軽の誕生』を書くときに、日本中世都市研究では下層民のことが薄いな、とずっと不満だったんです。座とか領主がいるところはあっても、下層民が住んでいる下町がない。たとえば東京でも、官庁街があって下町がある。より顕著なのはパリとかニューヨーク。空港に降りて町に入っていったら、最初はたいがい柄の悪い場所じゃないですか。日本中世都市研究では、なぜそういう場所が描かれないのかな、と。そういうことを考えていたら牢人の資料にぶつかって、それを探していくうちに、やっぱり下層民の住んでいる場所があったんだなとわかりました。

　ただ、従来のアカデミズム、日本中世史の場合だと、下層民を研究するという発想はあまりなかったんですよ。近世史はある。近代史ももちろんある。古代史でも賤民史研《せんみん》究としてある。中世史はそこがぽっかり空いてたんですね。だからこの調べている内容は、ほぼ新しくてめずらしい。未踏峰という感じで楽しかったんですね。

いまお話をうかがっていたら、最初の漠然とした都市としての京都のイメージは一緒だったんだな、と思いましたね。それと、垣根さんが室町時代の小説を書かれるとおっしゃったときに、最初にイメージしたのが古臭い土一揆の話だったんですね。垣根さんの作風も存じ上げなかったですから。ところが全然違った。我々からしても、土一揆は飽きたなと思っていましたから（笑）。私も研究はしていますけど、もう古いんですよ。七〇年代から八〇年代に盛り上がっていたので。

垣根　なるほど。

早島　垣根さんの作品をいろいろと読んでいるうちに、『室町無頼』は民衆史の書き方を変えられたんだな、と思ったんですよ。それまではせいぜいが土一揆、一揆の描写だった。

七〇年代や八〇年代に唱えられたような民衆闘争とする捉え方が主流で、その労働組合的なあり方が当時は共感を得られていたんですよね。

垣根　うんうん、わかります。

早島　そういう素地もあって、九〇年代にはいるまでは終身雇用制だったでしょう？

垣根　やっぱりそこに行くんだ。

早島　組合でお見合いして結婚して出産して。終身雇用制・労働組合・結婚の三点セット（笑）。だから、仮に一揆というものを小説にしたら、八〇年代までの日本社会と重なるわけです。青木昌彦さんという経済学者が説いた有名な話で、九〇年代初めに終身雇用制が終わって、現在は次の時代に向かう三十年だ、という言い方をされていた。それは何かというと、終身雇用制崩壊後の新しい労働のあり方であると。我々はその変化の真ったただ中にいるわけです。今後日本が終身雇用制に戻ることはまずないですからね。

垣根　ないですね。

早島　ということは、垣根さんの書かれた骨皮とか蓮田とか、一揆の描き方。これは二十一世紀仕様の民衆史なんですね。今後はどんどんそちらにアップデートされますから、共感が増えていくでしょう。垣根さんが雑誌か何かで「歴史小説を書くことは現代を書くことだ」みたいなことを書かれていましたよね。

垣根 私はそう考えています。『室町無頼』は室町時代の人でなく、現代の日本人に読んでもらうものだから、単なる歴史小説でなく、今に通じる問題がアップデートされていなければならないだろうと。

早島 そこがポイントですよね。目を通してみて「なるほどなぁ」と思っていたんですけど、現代を生きる今の人が読んでわかる室町時代だと思うんです。おっしゃるとおり、室町時代の小説を今仕様にバージョンアップさせたということでしょう。

垣根 私は農民を主役にするのは嫌だったんですよ。というのは、日本の農民というのは簡単に言ってしまえば地主ですからね。武家って実は徴収権を持っているだけなんですよ。だって幕府も、大名のすげ替えはできても農民のすげ替えは基本的にできないですから。逃散《ちょうさん》とかしない限りは。だから実質的に彼らが地主なんですよ。その彼らが一揆を起こす。となると、それは条件闘争なんですよ。年貢を六公四民から五公五民にしてくれ、という条件闘争にすぎない。それをやると労働組合と同じだと。

早島 実際はそうではないですけど、農民を地主的にとらえると安定して見えますからね。

垣根　そう。基本の地盤は安定している。対して、京都に流れついた牢人や浮浪（注：本貫地を離れた戸籍離脱者）は何も持ってないんですよ。土地はおろか、血縁や技能もない。農民と比べようもないほど、彼らは貧困にあえいでいた。そして今現在も、同じような貧困層が生まれています。正社員でないから組合に入れず、派遣社員や時給で働いているアルバイトの人とか、ひと昔前までは倒産や外資への身売りなど考えられもしなかった大企業の社員とか。こうした現実を踏まえて、小説もアップデートしていく必要があると思いました。昔の労働闘争って、自分の立場がちゃんとあったから可能だった。今のそういう人たちは、立場もへったくれもないところまで追い込まれてきている。

そうそう、『室町無頼』には、「土一揆に土の感覚がない」と言われたことがあります。そもそも農民には、『土地を持っている』という絶対的な背景がある。その立場があってこその条件闘争です。しかし、応仁の乱前夜には農民より困窮していた民衆が市中に溢《あふ》れていて、「土の感覚」を持ちたくても、土地を持てない牢人や浮浪がいた。何の背景もなく、条件闘争すらできない。現代の都市部の貧困層と同じです。寛正の土一揆で特異なのは、この市中の貧苦にあえぐ層が、農民と共に一揆の主力となっている点です。だからこそ、農民よりもそんな彼らをメインに据えることによって、現代社会の問題としてつながっていく物語を書きたかった。

学校で習わないからこそ興味が増す!?

早島　本の売れ方というのはわからないですけど、『室町無頼』は年を経るごとに売れるんじゃないのかな。こういうと楽観的に思われるかもしれないですけど、だんだん室町時代に対する注目が高まって、歯車がより一層噛み合うんじゃないのかなと。

垣根　その辺は私にも見えないですね。

早島　南北朝や室町時代がじわじわと人気が出ている、というのは実感としてあります。なぜわかるかというと、学生にゼミを選んだ理由として「何時代をやりたいの？」と聞くんですよ。そういうときに、南北朝という答えが返ってくるんです。

垣根　それはなぜ？

早島　聞いてみると、高校でやっていないからだと。実は今、教科書のほぼ半分が近代

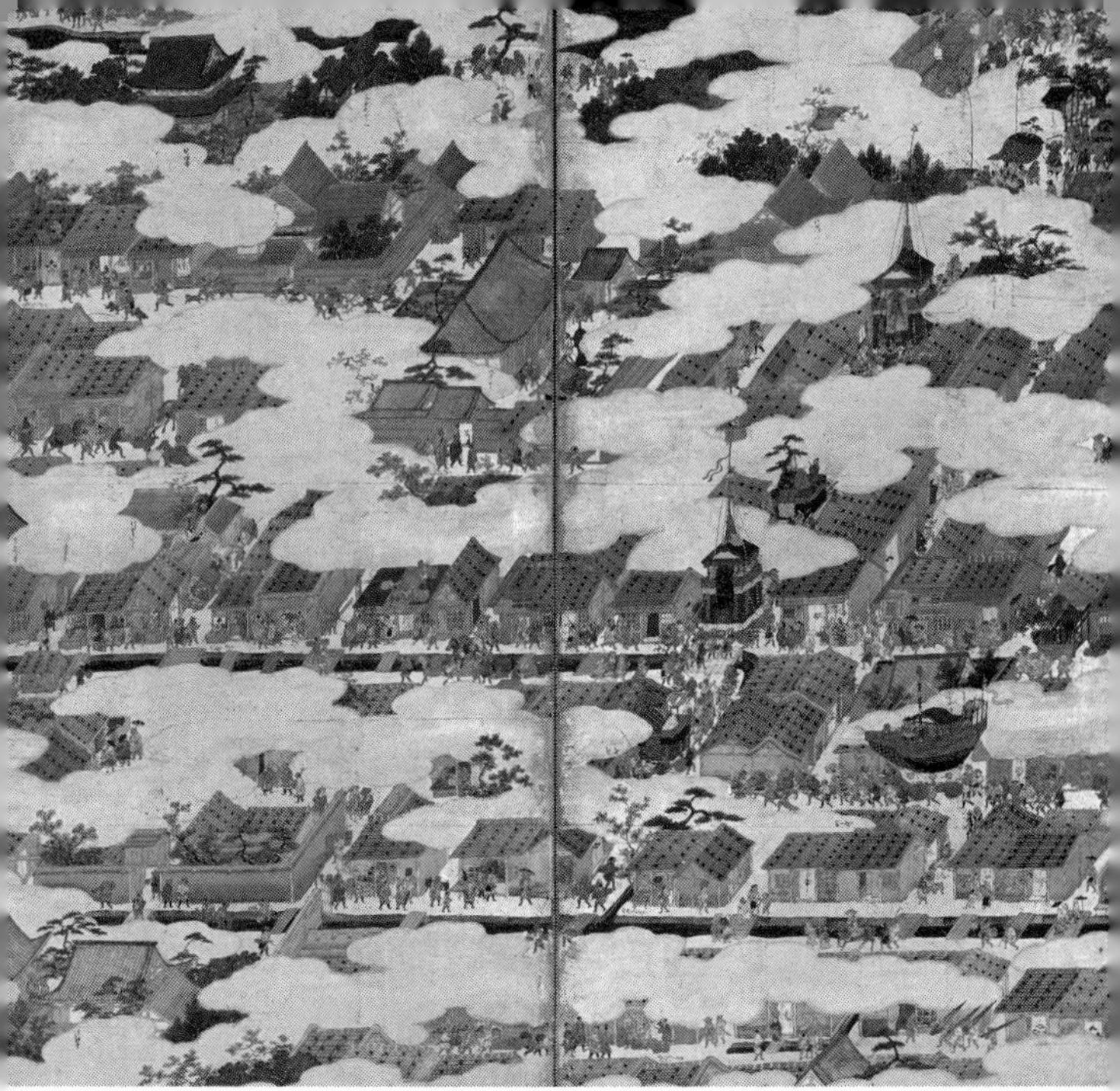

上杉本『洛中洛外図屛風』に描かれた京都の市街（米沢市上杉博物館蔵）

史なんですよ。明治維新以降の内容。

垣根　私たちが子どものころってそんなことなかったですよね。近代史なんて授業ではほとんど習ってなかった。明治維新までやったら時間切れ（笑）。

早島　そうそう（笑）。今は明治維新以降が手厚いんですよ。たぶん、最初に緊張しながら古代を授業でやって、気が付いたら明治維新（笑）。だから南北朝とか、私たちでもややこしすぎて、たぶん、高校の先生でもうまく教えられないんでしょうね。志望の理由を詳しく聞いたら「高校でやってこなかったから、大学ではよくわからなかった南北朝時代をやりたいです」と。義務教育上、空白の時代となった南北朝時代、その流れで室町時代、というのに注目が集まったんですね。

これは我々だけが知る鉄則といいますか、九〇年代に世界史が必修になったでしょう？　当時院生だった私たちは「これで日本史は滅んだ」（笑）と思ったんですけど、事態は逆にいって、世界史嫌いも増えたんですよ（笑）。

垣根　反動ということ？

早島　そうですね。歴史系では日本史のほうが志望者が増えたんです。必修化は必ずしも愛好者を生むわけではないという先例を知っていますから、高校で無理やり教えたら人は減るんじゃないかと（笑）。そうやって近代以降を増やしたから、好き嫌いは別として近代史は大学でやるという選択肢はない。

垣根　もういいや、と。

早島　だから大学でその前の時代をやりたい、という動機を持つ学生が増えている。南北朝とか室町に焦点が当たっているのは、やったことない、よくわからないから、という子が増えてきていますね。

垣根　ということは、いまその層が二十歳以降になってきている、ということですよね。

早島　そうです。そういう動きを感じたのが二〇一五年ごろです。何年か経ったら室町ブームがくるぞ、と言っていたんですが、それは彼女たちが学校を卒業して購買者として成り立つ時期だから。あとは、SNSに乗った呉座さんの著書のような本からも、ですね。いままでだと、たとえば新聞に載ったら部数が伸びるとか、平均的な広がり方を見せていた。今はそうではなくて、私ももうよくわからないようなSNSの流れに乗った爆発的な広がり方をしたりしますから。

垣根　つまり、いま室町時代に興味を持っている若者は新聞を読まない。SNSだけ見ていると。

早島　それはたぶん本当ですね。このあいだ、家で取っている新聞屋さんが副業でヨーグルト屋さんを始めましたからね（笑）。ああ、新聞屋さんはもうやっぱりもうからないんだなぁと。

垣根　いま学校のお話を聞いていて「あ、そうか」と腑に落ちましたよ。そうか、情報ソースがＳＮＳなんだ、って。

早島　それと、時代小説というコンテンツは、五十歳を超えてから読むものだ、と思っていたんですよ。ところが、若い女性も『刀剣乱舞』みたいなアニメやゲームのパッケージとして、歴史モノと身構えることなくフラットに興味深いものとして入ってきている。それが読者としてどこまで伸びるのかはわからないですが、歴史への興味というのは、薄広い意味では拡大しているんですよね。

垣根　『室町無頼』を出して意外だったのは、この書名でも、いつの時代の小説かわかってもらいにくい、ということでした。『足軽の誕生』も同じかもしれませんよ。日本史に詳しくないと、「足軽って、いつ？」から始まる。わかっている人だと『足軽の誕生』といえば応仁の乱のあたりだろう、と思うじゃないですか。そこがわからない人は、教科書では習ったからその言葉は知ってるけど、具体的にはピンとこない。ひょっとしたらそういう感覚になるのかもしれないですよ。

早島　この『足軽の誕生』というタイトルは『〈子供〉の誕生』（みすず書房）にちなん

だんですね。フランスの歴史学者フィリップ・アリエスの書いたこういうタイトルの本があるんですよ。これはいいタイトルだな、とずっと思っていて。ちなみに最初のタイトル案は「応仁の乱への道」だったんですけど、その後すったもんだあって『足軽の誕生』になったと。そのもとになった学術論文の原型は「応仁の乱への道」というタイトルをつけたので、同じだと具合が悪かった。あと出版社内での評判もいまひとつだったかな。

垣根　私は『足軽の誕生』のほうが好きですけど、ひょっとしたら「応仁の乱への道」のほうが……。

早島　もっと売れてたかもしれませんね（笑）。

第4章

対談

室町時代の終焉と織田信長の登場

関西学院大学教授
早島大祐
はやしま・だいすけ

作家
垣根涼介
かきね・りょうすけ

——室町時代はどういう時代だったのか。その次に来る戦国時代とはどう違うのか。応仁の乱や足軽について語った二人が、さらに時代を広げて室町・戦国時代の本質的な違いや、室町時代に幕を引いたとされる織田信長の評価について意見を交わす。

新時代の申し子の誕生

早島　室町時代と戦国時代についていえば、僕は従来の解釈通り、応仁の乱以後に戦国時代がはじまるという認識でとくに大きな問題はないと思っています。いつから戦国時代かということより、むしろ人間ベースで考えてみたい。どういう人物が戦国時代の人物として歴史に現れてきたかを考えてみたいと思います。

以前、『明智光秀　牢人医師はなぜ謀反人となったか』（NHK出版新書）という本を書いたときに、戦国時代を象徴するような人物が台頭してくるのはいつかと思って、いろいろな人物の生年月日を調べました。そうすると、西暦でいう一五〇〇年くらいに、その後に活躍する戦国時代を代表するような人物が多く生まれているんです。きれいに十六世紀がはじまったあたりで生まれている。マンガの『ワンピース』ではないですが、「新時代の申し子」みたいな人物が生まれているんですよ。

垣根　毛利元就とか斎藤道三が生まれたのは、その頃ですね。

早島　彼ら十六世紀頭に生まれた新時代の子供たちというのは、それ以前の人物とは価値観が違うと感じています。

垣根　それはどういうふうに違うのでしょうか？

早島　大きく言えば、いわゆる中世、室町時代ごろまでは、社会不安の根底には怨霊がいるといわれていたんです。

垣根　ああ、たしかにそうですね。

早島　怨霊とは何かというと、身分の高い人が無残な死に方をしたときに、怨霊となってこの世に祟りをなすという、そういう存在です。天皇や貴人が不遇のうちに亡くなると、怨霊になるといわれていたのが中世です。

垣根　菅原道真が大宰府《だざいふ》に流された末に亡くなって、怨霊となって祟りを起こしたので、神として祀って怨霊を鎮めようとする。御霊《ごりょう》信仰ともいいますね。

早島　そうですね。平安時代末期には崇徳院《すとくいん》が流刑の果てに亡くなって、そのあと飢饉《ききん》や疫病《えきびょう》などが流行する。そうすると崇徳院が怨霊になられたのだとみなすわけです。南北朝時代にも、後醍醐天皇が亡くなったときに怨霊になるのではと恐れられましたが、その予防的措置として天龍寺が建てられ、後醍醐の魂を鎮めようとした。だから御醍醐帝はあまり怨霊とはいわれなくなったわけですね。その代わりに、少し格落ちして、足利直義《ただよし》の怨霊というのがよく同じころに噂になったようですが。

垣根　足利直義というと尊氏の弟の？

早島　そうです。そのあたりを境にして、その後は怨霊が話題になることがあまりなくなるんですね。

垣根　それが室町時代の初期ですか。

早島　その後も、ポツポツとそういう話は出てくるのですが、それを真に受ける人が少なくなるということなのでしょう。怨霊が出たからそれを鎮魂しようという動きが、社会全体で弱くなる。

応仁の乱のあとの時代、明応三年（一四九四）に京都で大火事が発生しまして、そのときにも後鳥羽院《ごとば》の怨霊のせいだといわれて、水無瀬《みなせ》神宮というのが建てられたことはありますが、それ以後はご無沙汰しますね。十六世紀に入ると、社会不安の理由付けが変わってくるんです。十五世紀以前だと、誰かひとりが死んで社会不安をもたらすことがありましたが、十六世紀になるとスケールが小さくなって、誰かひとりが死んだら殺した人物など周辺の個人に祟るようになるわけです。その流れで、十六世紀半ばくらいになると、新たに妖怪という存在が現れます。

垣根　対個人としての妖怪、という意味ですか。

早島　そうです。もしくは世の中にちょっといたずらをする「何か」です。そんな感じですから、十六世紀以降になると、人々の物事の考え方が変わってくる。明智光秀とか織田信長などは、そういう思想的な土壌のもとで生まれました。

怨霊の時代から神なき時代へ

早島　まだ学術的な論文には書いていないのですが、戦国時代の人間に特徴的なのは「開発」をすることだと思っています。かなり強気な「開発」です。

垣根　開発？

早島　たとえば、樹木は霊性を帯びたものがたくさんあって、伐ってはいけない木というのが各地にいくらでもあります。

垣根　ありますね。いまでもそういう言い伝えは耳にします。

早島　それを戦国武将などはバシバシ伐るんです。そうすると当然、木は減ります。つまり、霊的な存在に対する恐れを払拭することで、自然を克服して開発を進めるわけです。もっと象徴的なのは、石垣に墓石や地蔵などを使ってしまう事例です。

垣根　ありましたね、福知山城とか。いわゆる転用石ですね。

早島　そうです。二条城の石にも墓石や石仏を使っています。神聖なる石、使うと罰《ばち》があたる石ではなくて、ただの石という物体とみなすわけです。

垣根　迷信がかったものがほぼなくなっていくということなんでしょうか。

早島　そうですね。十五世紀に生まれていたら怨霊とかそういうものを信じていたでしょうが。それは怖がるというよりも思想として信じられていたんですね。それが十六世紀に入ると、そういう思想自体が薄れてきて、石は削るわ木は伐るわとなる。

福知山城天守岩台の転用石(福知山市)

垣根　石は石、という即物的な概念なんですかね。

早島　そうだと思います。それともうひとつ、彼らは海岸や湖岸を埋め立てて建物を建てるんです。

垣根　近江《おうみ》の坂本城などもそうでしたね。長浜城もそうかな？

早島　そうですね。そのあたりは、従来の考え方からすれば非常に恐れ知らずなんです。そういう思想史的な転換があるという意味で、十六世紀初頭生まれの連中は昔の感覚からすれば罰あたりですね。

垣根　確かに。そういわれれば本当にそうですね。

早島　それと、戦った相手をときに全員殺すという特徴もある。

垣根　信長のことを念頭に置かれています？

早島　明智光秀もそうですね。

垣根　いろいろなところで虐殺していますよね。一向一揆《いっこういっき》とかも先頭に立って虐殺している。

早島　中世だったら、追い出したら終わりなんです。陣地を取ればいいんだから。追いかけて殺す必要はないんです。

垣根　応仁の乱までは陣取り合戦でしたよね？　西軍も東軍も。

早島　そうですね。だから逃げた兵などを追いかけないのですが、信長くらいになったら山の奥まで追いかけますから。

垣根　殲滅《せんめつ》作戦ですよね。根絶やし作戦。

早島　そうなんです。そういうところも関係あるのかもしれません。

垣根　それって、信長だけの特殊性ではなかったのですか？

早島　殲滅はしないですね。僕が見た例でいえば有名な信長と光秀の事例ですけど、彼らはとことん追い詰めますね。

垣根　そういう思想の持ち主が現れたということの象徴として、ということでしょうか。

早島　そう捉えていただけるとありがたいです。

垣根　確かにそれは僕も感じていますし、時代の転換点といえばいいのか、そういう迷信めいたものからの脱却といえばいいのかな。山河を壊して城をつくるとか。敵を根絶やしにするとかは、ある種の敬虔《けいけん》な気持ちがあるとできないですよね。クリスチャンが神を見るような気持ち？　ないしは日本人だったら八百万の神がいるみたいな気持ちが、ある程度薄れないとできないのではないか。おそらくそういう敬虔な気持ち、自然や世界全体に対する敬虔な気持ちがなくなった分、合理的になったというか。そういう時代だったのでしょうね。たとえば武士が転職しても当たり前になったのがこの時代だと思いますね。戦国時代後期にはとくにそうだと思っています。

早島　もうひとつ付け加えますと、当時の商品というのは神様のお下がりだったんです。当時、流通業で活躍していたのは石清水《いわしみず》八幡宮やその対岸にある大山崎離宮八幡宮などの神人《じにん》だったのですが、こういう人々が関所などの免除特権を持っていましたから、排他的・独占的に油などを買い占めることができたんです。

垣根　それは座《ざ》ということですか？

早島　室町時代には座といわなくなるので、僕は「神人集団」と呼んでいますが、彼らは一度商品を大山崎《おおやまざき》（京都府南部）に持ち込んで、一応神へのお供えという体にして、また下げるんです。そうやって大量の油を京都に運んで売りさばくんですね。それが、応仁の乱を機に物流構造が崩れた。足利家の氏神が八幡神だったことを背景に神人たちも特権を認められていたのですが、その足利将軍家もだんだん弱ってきますから、思想的にも流通構造的にも崩れていくわけです。ではその次はどうなるかというと、単純に権力者に付いた商人が市場を独占するという流れになるので、そのときにはもう神様のお供え物という発想はないわけです。単純にモノになる。モノのレベルでいえば神様のお下がりという体裁もなくなりますし、いままであまねく影響力を持っていた神仏の御威光というのが漂白されていくわけです。そういう前提条件のなかで新時代の人々は生まれましたから、合理性みたいなものが優先されるのかもしれません。顕著なのは、信長の時代の初期などは、石の切り方が雑なんです。だけど信長、豊臣秀吉、徳川家康と時代が進むにつれて石を切ることが職業となって洗練されてきて、切れ目がきれいになるんですね。

垣根　瀬戸内海かどこかから大坂城に運んだという話もありますよね。

早島　瀬戸内海の島々には、切りかけの石が結構あって、だんだん石切りも技術が上がっていくんです。霊的な縛りもなくなって、技術が追い付いていくのが近世という捉え方はできますね。

垣根　それはおもしろいですね。

早島　だから戦国時代とは何かといわれたら、そういうふうに神様の影響力が下がっていくというのも戦国の始まりとみることができますし、それが応仁の乱後とか十六世紀の頭とするとキレイに収まると思います。

垣根　「神なき時代」ということですね。

早島　もちろん神がいなくなったわけではなく、ただそれに代わって新しい神が出てくるんですけど、それ以前よりは影響力が少ないですよね。

垣根　新しい神ってたとえばなんでしょう？　浄土真宗（一向宗）のことですか？

早島　確かにそういう先鋭化した宗教集団も出てきますが、社会全体に影響を及ぼすというところまではいかないですね。

垣根　そういう捉え方をしたことはなかったなぁ。

早島　それと、商売の神様で恵比寿さんっていますよね。あの恵比寿さんも、全体に対する影響力は小さいですよね。ご利益といえば個人の商売繁盛くらいなので。神人たちが仕えていた八幡神などは販売特権などを保証してくれましたから、その昔はもっと強い神様だったんです。商人の信仰は変わらずに続いているのでは、という反論もあると思いますが、神様のパワーが時代によって違うんですよね。

垣根　さきほどの油の話でいくと、大山崎が油の元締めでしたよね？　あれって荏胡麻《えごま》油から菜種《なたね》油になったときに、彼らの専売権が崩れたというのも大きいのでは？

早島　菜種油が出てくるのは十六世紀末で、確認できているなかでは浅井《あざい》氏が菜種油をつくらせたという記事がありますね。理由はわからないのですが、十六世紀末ごろに菜種からも油が採れるよ、と誰かが言い出したんでしょうね。

垣根　そうして菜種油が開発されて流通するようになるのと同時に、神様的なものを通して売るやり方が時代遅れになっていった、と捉えていいのでしょうか。荏胡麻油を売っていた時代までがギリギリ神様とリンクさせる者が元締めにいた、という体裁をとっていた、というか。

早島　新しい商人の背後についていたのは、たとえば摂津《せっつ》国だったら摂津守護の細川氏だったわけです。戦国大名がバックについて特権を認めていましたから。菜種にしても浅井氏ですよね。やはり戦国大名なので、単に地域の力の強い者がそういう特権を保証するという、現代にもつながる流れになっているんですよね。そこに神は介在しないのです。

垣根　とてもおもしろいお話ですね。「神なき時代」というと、戦国時代とは何だったのかという問いへの答えとして「おしゃれ」です（笑）。

戦国期室町幕府の評価の変遷

垣根　ちなみに楽市楽座などは、信長以前に六角《ろっかく》氏がすでにやっていたんですよね。僕などは単純に、応仁の乱が始まってからの足利幕府は、あってなきがごときの状態だったという認識をずっと持っていたのですが、そのあたりはどうなんでしょうか。

早島　室町幕府論というのも時代によって変遷があって、まず一九八五年に今に至る研究の転換点となるふたつの研究が登場しました。ひとつは「戦国期守護論」の登場（今岡典和・川岡勉・矢田俊文「戦国期研究の課題と展望」〈『日本史研究』278〉）、もうひとつは今谷明さんの『室町幕府解体過程の研究』（岩波書店）の刊行です。とくに後者がまとめられたのは大きかったですね。前提としては「京兆専制論《けいちょう》」「三好政権論」という考え方があって、これは細川管領家（京兆家）やその被官《ひかん》であった三好氏のことを、伝承や軍記物レベルではなくて、きちんと古文書を使って研究したものです。もうひとつの「戦国期守護論」というのは、十六世紀ごろに登場したさまざまな権力を史料に即して研究したものです。この研究によって、戦国大名とは何かという疑問に対して初めて学術的なメスが入ったといえます。

垣根　逆にいうと、そんなに遅かったんですね。

早島　そうなんです。戦国大名のほとんどは守護か守護代《だい》の末裔だから、戦国期守護と呼ぶべきではないかということがそこで提唱されて、いままで地道に地方で各大名家の研究を重ねてきた人が、初めて学術的な批判を受けたわけです。「戦国期守護論」も当時は批判をうけましたが、戦国大名研究が広がるにつれて「戦国大名とはなんぞや」という根本的なところを学術的にはっきりさせないといけないという時代の要請があったのだと思います。
その後、九〇年代になると、僕たち団塊ジュニアの世代が細川氏や三好長慶《ながよし》の検討を始めて、十六世紀の室町幕府のことも詳細な検討を始めるんです。そこで古文書などから判明したのは、当時も室町幕府は一応機能していた、ということです。

垣根 それは細川氏の傀儡《かいらい》ではなくて自立した政治機構として、ということですね?

早島 そうです。ただ、三好長慶政権論にしても十六世紀の室町幕府研究にしても、結局、研究者は自分がやっている時代に愛着がある(笑)。だから、しっかり幕府が機能していたと言いたがる。幕府は衰退していたのではなくて、がんばっていたんだと言いたいわけです。

垣根 なるほど(笑)。

早島 十六世紀の室町幕府については、近年になって研究者がたくさん出てきましたが、おおむね十六世紀の室町幕府は思った以上にちゃんとしていたという方向性です。

垣根 個人的には、細川政元《まさもと》あたりから細川家がある程度仕切っていて、というイメージでしたね。

早島　それでいいんだと思います。

垣根　え、そうなんですか（笑）。

早島　そのために幕府は弱体化した、ということでいいと思います。もちろん、一定程度は幕府も機能していましたが、応仁の乱以前の幕府とくらべれば弱体化していたのは間違いありませんから。僕もいつかは十六世紀初頭の室町幕府を研究対象にしようと思っていたのですが、指導教官から明智光秀のことを調べてくれと言われて、方向転換をした。明智を調べるとなると、必然的に信長を調べることになる。そうして信長を調べるうちに、こいつはすごいなと思った。これは室町幕府研究との対比からそう感じたわけです。

揺れ動く信長評価

早島　僕は二〇〇九年に「織田信長の畿内支配―日本近世の黎明」（『日本史研究』565）という論文を書いたんです。これは端的にいえば、信長は道路を広くしました、という内容なんです。

垣根　信長は相当そういうことをやっていましたね。

早島　各地でインフラ整備をした。その後、戦国史研究会の『織田権力の領域支配』という本が二〇一一年に出て、そのもととなったシンポジウムが二〇一〇年に行われたのですが、そのときは手ひどく批判されましたが。

垣根　そうなんですか（笑）。

早島　二〇〇〇年以降になると、織田政権の相対化が始まります。織田信長の業績とされるものは、他の戦国大名も似たようなことをやっている、という。信長は革命児といわれているけど、全然そんなことはない、と。そういう流れのときに僕が信長の画期性や革新性を訴える論文を出したので、いいカモが現れたと血祭にあげられたんですね（笑）。一方で、さきほどお話しした今谷明さんの三好政権論という概念を引き継いでいるのが、天理大学の天野忠幸さんですね。今谷さんの三好政権論というのは、三好政権も中途半端な政権であったという結論に至っています。ネガティブ評価ですね。それに対して天野さんの場合は、これをポジティブ評価に転換しています。さらに天野さんは、三好政権を「プレ織田政権」と位置づけたんです。

垣根　最初の天下人、みたいな感じですね。その当時は畿内を天下と称したという見解とセットで、だから天下人なんだという論調だったかと思います。

早島　「天下」の概念はかなり揺れ幅が大きいので、なかなか難しい問題です。

垣根　三好家が畿内一帯をある程度実効支配していたから、というだけなのかなあと、僕などは素朴な印象として受けましたが。

早島　そんな感じでいいと思います。信長相対化論という流れがひとつあって、その裏で後北条氏を筆頭とする東の戦国大名研究、西の三好長慶研究と出てきて、ともに「うちのほうが画期的だ」と言い出したわけです。

垣根　なるほど。

早島　その後、二〇二〇年代になると、この流れが落ち着いてきます。ただそのようななかでもつい最近も複数の歴史雑誌で信長の特集が組まれていましたから、結局売れるのはそこなのかと（笑）。

垣根　たぶんそうなんでしょうね。信長はたいしたことなかった、という特集が今は読者に喜ばれるのでしょう。でも信長は、やはり戦国時代を象徴するアイコンであると僕

織田信長像（清洲公園。清須市）

は捉えています。信長の場合、やったこともある意味徹底していますよね。それは個人的な性格からくると思っていたのですが、さきほどのお話を聞いていると神仏もない、八百万《やおよろず》の神的な発想もないわけですよね。すべての物事に神が宿っているみたいな発想もない。そういう意味でもやはり時代を進めた人物なんだろうと思います。

僕は大学でずっと心理学をやっていたんですね。それもあって、どちらかというと織田信長という人物を気性のほうに重きをおいてずっと見ていたのですが、そこに時代性もあった、というのは確かにそうだと思います。同時にそれは、今の時代にもつながるところがあると思うんですよ。たとえばアメリカでは、近年になってリバタリアンが増えているといわれていますよね。特にテクノ・リバタリアンって、ある種数学的な合理性からすべてを発展させていくという考え方だから、共和党みたいな小さな政府がいい、などと言い出しています。そういう人たちは一九七〇年代から八〇年代生まれになるのかな。世代的な意味でも転換期に重ねてもいいのかなという気はします。

先ほどからの神仏論のあるなしという話と、大きな意味での怨霊・祟りのあるなしという話というのは、今の時代とリンクさせるとすればそのあたりなのかなと。親方日の丸がなくなって変わってきた、という話はかなり以前からいわれていますが、よりそれが進んできている、と。あとテレビの影響力の低下も大きいのかなと思います。既存のメディアの影響力が下がってきているのは間違いない。

メディアの寵児のように現れる人は、もちろんかなり特異なパーソナリティなんでしょうが、やはり時代性を背負っている。時代の精神みたいなものからの影響から自由ではない。それは、信長の精神的な背景と重ねることができると思います。

信長の合理性とは

垣根　信長に足りないのは、シンプルに共感性みたいなものではないですかね。『信長の原理』という僕の小説のなかで、象徴的にそれを描こうとしたんだけど、社会を機能的に進めようとする、合理的に進めようとすればするほど、実際には合理的にはならないんですよ。だからパレートの法則を使って、あえて信長が滅んでいくような話にしたんですけど。合理的な判断が正しかったとしても、それで世間がついてくるわけではないというのはすごく思っていて。信長のなかでそういう合理的な判断があったと仮定しましょう。それに対する戦いでもあったというのが通説だし、僕もそういう部分はあったと思います。なぜこれはこうじゃなくてはいけないのか、という疑問と反発ですよね。でも人間、そうは合理的になれない。

たとえば株取引の世界では、いまはＡＩとかディープラーニングが進んでいて、高速でＡＩが売り買いしているんですよ。でも、完璧とされるようなプログラミングがなされたセッティングがあったとしても、やっぱり株価の暴落はくるし、ヘッジファンドはその性質上インデックスファンドという平均値を上回ってくるはずなのにそうはならない。なぜか？　やっぱり基本的に人間は合理的ではないからでしょう。合理性を求められても、理屈のうえでは確かに正しいのだとしても、やっぱりどこかついていけない。だからＡＩをいくら株取引に持ち込んでも、最終的にはおそらくインデックスファンドという何の変哲もない時価総額加重平均に収斂《しゅうれん》していくでしょう。そういう意味で、信長の悲しさ（？）というのはいつも感じます。出世させるからもっと働け？　まあ当然です。外資系企業などはみんなそうです。ただ外資の場合はどんどん入れ替えを行うけど、日本人のウェットな感覚にはいつまで経ってもなじまないだろうな、という印象はぬぐえませんね。

早島　垣根さん、さすがだなと思いますね。端的にいえば、信長は統一したルールで統治しようとした、ということなんですよ。道も同じ幅で統一させますし。

垣根　合理的ですからね、そっちのほうが。規格を統一したほうが、おさまりがいい。お金にしても単位にしても。

早島　それを、たぶん従来の戦国大名は徹底しなかったんでしょうね。

垣根　信長って、ある種の文明をつくりたかった人なのかもしれないですね。

早島　僕も『明智光秀』に書いたのですが、当時は枡《ます》などの大きさもバラバラだったんですよ。そういう度量衡や道路の規格を統一しようとするのは、政策というより思想じゃないかと。ところが一方で、ひとりの人間なのでやれることには限界があって、信長の場合は光秀や羽柴秀吉や柴田勝家などにやらせるんですよね。当然そこでムラが出てくる。ひとりの人間では細かいところはチェックできないですから、配下に命令する。柴田の場合、現地で検地する際、丈量《じょうりょう》検地といって自分たちで計るんです。彼はずっと北陸にいて動かないので、おそらく暇だったのではないかと思うんですが（笑）。明智の場合は、非常に忙しかったので征服地では現地の人間に調査させて、データを提出させてそれをまとめる形にしたんです。つまり自分ではいかない。厳密にいえば光秀の場合は指出《さしだし》なんです。現地で直接計らない。

垣根　代行をたててやっている感じですね。

早島　そうです。ただその場合はどうするかというと、マクドナルドのようなチェーン店と同じでマニュアルが精緻になるんです。そういうマニュアルが残っているのは光秀だけなんですね。「家中軍法」というのが残っていて、細かいことを書いているんです。秀吉の場合、これは愚直だなと思うのですが、やっぱり自分たちで計るんですよ。こういうことを、信長は現地に任せているから、要するに結果さえ出ればオッケーなので、やり方について信長は指示しないんです。だから各武将によって方針などが変わってくるのでしょう。ただ織田家の場合、常に戦争をしていますから、優秀な武将ほどすぐ死んでいくんですよね。それに加えて信長は気のきかない人間が嫌いだから、たくさん首にしていますよね。佐久間信盛《さくまのぶもり》とか。優秀な武将は死ぬし、ちょっとこいつ驕《おご》っているなと思ったらすぐ首にするし、組織は大きくなっているのに仕切る人間が減っていくんですね。

垣根　初期の本願寺攻めでも優秀な人物が亡くなっていますよね。

早島　原田（塙《ばん》）直政《なおまさ》ですね。あの人が死んだのは大きかったですよ。しかもあっけなく死んでいますから。

垣根　そのあと佐久間がそのポジションについたんですよね、確か。残りの五年は。

早島　それが物足りなくて、そこを明智にやらせるんです。

垣根　そのあと畿内を引き継いだのが明智光秀ですからね。

早島　その後、信長は変に人間らしさを出して、一族においしいところを継がせようとするんです。最前線ではなくて内地になったところを一族に継がせようとして、それぞれがんばってきた光秀とか秀吉などは最前線に出す。とくに明智光秀の実績を追ってびっくりしたのは、畿内の政治を任せておいて、武田攻めのときにお前も戦争に参加しろ、と命じるんです。やむなく光秀は、我々みたいな五十歳過ぎの老体に鞭《むち》うって出陣すると（笑）。その武田攻めの日数を数えていたのですが、片道十日もかかるんです。現地に滞在するのも十日くらい。そしてまた十日かけて帰ってくるんです。これはやっぱりしんどいだろうなと思いました。

垣根　光秀って、それまで遠くに出たことないんですよね？

早島　東は岐阜までですね。その仕打ちはひどいな、と史料を追っていて思いました。

垣根　でもそれって、いまにして思えば、ある種のほのめかしというか、前哨戦ではないですかね？「光秀、お前も遠国にやるぞ、覚悟しておけ」と。僕はそういう感じで小説もちょっと書いたんですけど。

早島　だからいろんな武将が京都を離れるのを嫌がっていますね。

垣根　滝川一益も関東に行くのを嫌がっていましたよね。

信長とお茶と鷹狩

早島　とりとめがなくて恐縮ですが、信長は酒が飲めないんですよね。

垣根　あまり飲んだ記録が残ってない。早起きだし。

早島　だから茶が流行るんです。一方で室町時代は、桜井英治さんという東大の先生がおっしゃっていましたけど、飲みの席で「七献《しちこん》」というのをやるんです。一回飲むのに七回酌み交わすんですね。乾杯を七回やる。原理的にいうと、五人で飲めば三十五献じゃないですか。そこで当座《とうざの》会《え》というちょっとした催しをやるんです。

垣根　その当座というのはどういう意味でしょう？

早島　その場、という意味ですね。会というのは会合なんですけど、これは何を意味するかというと、吐くんです。

垣根　酒を吐き出すということ？

早島　そうです。酒に酔って胃のものを全部出すんです。

垣根　ローマの貴族みたいですね。

早島　当座会が多いほどいい飲み会だったんです。室町時代以前は酒をガバガバ飲むんですよ。酒をガバガバ飲むとなにがいけないかというと、みんなで会食するときに茶を飲まなくなる。茶は普段は飲みますけど、さほど流行らなくなるんですね。でも信長の時代はあまり酒を飲まないから、茶が流行るという。

垣根　信長の影響が大きいということですか。

早島　そうですよ。

垣根　それはすごいですね。

早島　信長は酒を飲まないから茶が流行って、秀吉もそんなに飲めないから茶が流行って、回りまわって取り巻きの連中にも茶が流行する、という流れです。

垣根　そういう発想はしたことがなかったなぁ。

早島　南北朝時代に闘茶《とうちゃ》というのが流行《はや》るのですが、その後、室町時代に書かれた日記などを読んでいると、そういえば全然茶を飲んでいないな、と思ったんです。最近、喫茶文化をやりたいという学生の卒論指導でネットのデータベースを利用して「茶」というキーワードで文献を調べてもらったら、すごい一覧が出てきたんです。南北朝時代には茶の記事が増えていて、室町時代になると減るんです。その後、織豊期になったらまた増えてくる。つまり、茶は一度流行から外れるんですね。みんなで飲まなくなるから。替わりに酒を飲む。そして信長が登場してからまた茶を飲み出して、流行るんです。そういう新しいムーブメントを作ったという一面もあります。もちろんその学生には「優」を与えました（笑）。あともう一つ、鷹狩りも流行るんですよ。

垣根　信長の鷹狩りって、すごく合理的だったたっていいますよね。

早島　信長は、仮病のときによく鷹狩りを使うんです。人に会いたくないときに利用する。

垣根　それは出払っているという体《てい》にするため、ということでしょうか。

早島　そうです。典型的なのは、信長が岐阜城にいたとき、永禄十二年（一五六九）に一度京都に上るのですが、そのときに都の貴族たちが、うちの所領をなんとかしてくれ、とみんな帰国した信長の岐阜城までドカドカおしかけて行くんですね。でも人が集まりすぎて、信長はいちいち面接するのが嫌なので、三河に鷹狩りに行くんです。こういう新しいタイプの権力者に対して貴族としては、次はどうしたかというと、アメリカのトランプ大統領のゴルフと一緒で、鷹狩りをやり始めるんです。とくに信長のお気に入りだった近衛前久《このえさきひさ》という人物がいるのですが、この人も鷹狩りをやっていて、息子といっしょに鴨川の河原で練習しているところをよく見られているんです。

垣根　おもしろいですね。

信長はなぜ「全国展開」できたのか

早島　信長の評価についていえば、やはり画期的な制度や政策はきちんと評価して前面に出すべきだと私は思います。だから今後、おそらく「信長はやっぱり強い」という研究が出てくると思います。僕はよく「蔦屋《つたや》」の譬《たと》えというのを使うんです。蔦屋って、大阪府枚方市発祥で、その後、全国展開しますが、八〇年代あたりは蔦屋的な業態は多かったですよね。本屋とビデオ屋、もしくは本屋と貸レコード屋みたいな業態ですね。

垣根　確かに貸しレコード屋とかたくさんありましたね。

早島　そんななかで蔦屋がなぜ全国展開できたのかという点を検討する場合、Aさんはやはりカリスマだから、という。Bさんは蔦屋のもとをたどったら本屋とレンタルビデオ屋なのだから、他の店と一緒だという。でもそれでは蔦屋が全国展開できた理由が説明できません。これは今後の信長研究と一緒で、なぜ蔦屋が全国展開できたのかということを研究して初めて事象をうまく説明できると思うのです。現状では、織田政権も他の戦国大名と一緒じゃないかという感じに緩やかな落ち着きを見せていますけど、それでは織田信長がなぜあれだけ勢力を伸ばすことができたのかという点は説明できない。

垣根　それは、家臣を扶持《ふち》雇いにして職業軍人を増やしたからではないのですか？　岐阜に移ったときに領地じゃなくて扶持雇いにしていますよね。基本的にそれまでの戦国大名は、動員する百姓のために農繁期には動けなかったはずなので、農閑期だけ戦いをしていたと。信長はそれをおかまいなしで常《じょう》雇いにしてしまえば、いつでも戦いができると。一年のうち五割分くらい効率があがるはずなんですよね。小牧山から岐阜城に移るときだったかな？　そうすると、基本的に収入の首根っこをいつもつかまれている状態になるので、いわゆる被官と旗頭《はたがしら》の関係ではなくなって、直属の郎党《ろうとう》扱いになったと。それがいちばん大きいのではないかと今も思っていますね。

早島　その扶持雇いという方針が家中全体に行きわたっていたのかどうかは問題ですが、似たような現象はあります。明智光秀が領国の百姓を軍役動員するんです。ひとつは年貢代わりの税金として、もうひとつは役務として。一年を四期に分けて、それぞれ十五日、一年にしたら六十日になります。そう学会で研究発表をしたのですが、会場からは「多すぎる」と声があがりました。六十日も百姓を動員したらいままでの研究成果と違いすぎる、と。そのときは「計算したらそうなります」と、それでも地球は回っている、みたいな口調で主張しました（笑）。よくよく調べてみたら、軍役とか城普請とかに動員している日数はやはり多いんですよ。百姓を農地から引きはがして無理やり働かせていますから、恨みも買いやすいんでしょうね。だから最後は山崎の戦いに敗れて逃げた後に山の中（小栗栖《おぐるす》）で殺されますよね。あのあたりは明智の支配地界隈《かいわい》ですから。

垣根　やっぱり恨みを買っていたんですか？

早島　そういう評判はあったでしょうね。えらい目にあったと。

垣根　なるほどね。

早島　つまり、人を無責任に動員することを躊躇《ちゅうちょ》しなかったのが信長とか光秀だったのではないでしょうか。そういう点も含めて、織田政権論はこれから「やっぱり強かったのではないか」という流れにいくのではないかという予感はしています。垣根さんはすでに信長や光秀を書かれていますが、これから書く歴史小説家に言いたいのは、いまの弱気な信長で書いていたら、単行本が出るころには全然評価が変わっているかもしれないです、と（笑）。

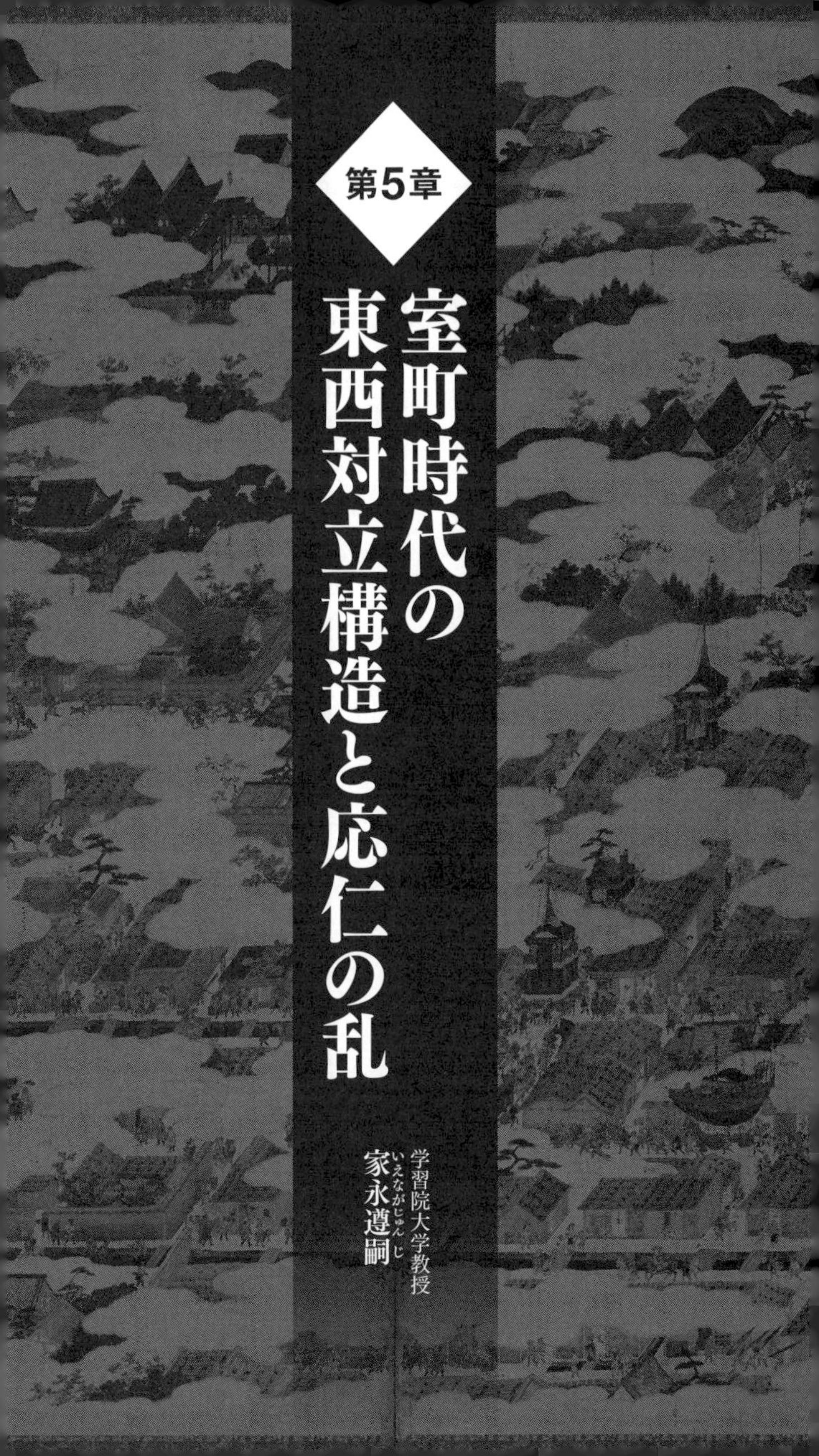

第5章

室町時代の東西対立構造と応仁の乱

学習院大学教授
家永遵嗣《いえながじゅんじ》

応仁の乱前後に登場する人物は非常に多く、しかも同姓が入り乱れるため、きわめて複雑に見える。関東を視野に入れ、京都の動きとを連動して理解し、後代の『応仁記』の史料性を吟味することで、応仁の乱勃発前後までの政治過程をすっきり再構成する。

関東が風邪を引けば京都がくしゃみする?

室町時代、特に十五世紀の京都政局は関東との関係、関東対策によって規定されていると、私は考えている。これまでの通説では、関東は京都幕府と切り離されて理解されてきた。一四三八年の永享《えいきょう》の乱から後の関東は混沌《こんとん》としていて、京都は京都で勝手にやっている。そういう捉え方だが、それでは見えてこないことも多い。

例えば、応仁《おうにん》の乱が始まった翌年、西軍諸将は古河公方《こがくぼう》足利成氏《しげうじ》と手を結び、足利義《よし》視《み》を主将に迎えて、西幕府という形になる。西幕府と東幕府の政策には、ほとんど違いがない。足利義政《よしまさ》を戴《いただ》く東軍（東幕府）は成氏を討つ方針を変えなかったから、成氏と手を組むのか、討つのか、という一点のみが相違点ということになる。通説的な立場においては問題にさえされない「些末《さまつ》」な事象だが、私は無視できないことだと考える。

京都幕府と鎌倉府とが並立する機関として設定されたのは十四世紀半ば、観応《かんのう》年間（一三五〇～一三五二）のことであった。それ以前は、軍事・裁判いずれについても京都に集権されていた。観応の擾乱《じょうらん》後、京都では二代将軍の足利義詮《よしあきら》が「自ら政務を執る将軍」という新しいスタイルをとり、鎌倉でも義詮の弟の基氏《もとうじ》が鎌倉公方となって政務を執る体制が確立された。幕府と鎌倉府とは、異なる統治範囲を分担する、相似形の双子のシステムとして作られたのである。

幕府と鎌倉府との葛藤に初めて注目したのは渡邊世祐《わたなべよすけ》である。幕府と鎌倉府とが相似形であることに注目して、「似たもの同士であるが故に、どちらが足利氏家督になってもおかしくない」という考え方で葛藤を説明しようとした。

その後の研究では、幕府と鎌倉府との異質性が次第に明らかになってきて、むしろ、さまざまな異質性から葛藤の由来を考える傾向になっている。京都と鎌倉との関係では、幕府が関東管領《かんれい》上杉氏を介して鎌倉公方の動きを制御しようとしたこと、関東管領と鎌倉公方との葛藤が次第に拡大したことが焦点になる。

鎌倉公方が京都将軍との対決姿勢を明確に示した始まりが、応永《おうえい》六年（一三九九）の応永の乱であった。鎌倉公方足利満兼《みつかね》は「天命を奉じて暴乱を討つ」ため自ら決起するという檄文《げきぶん》を大内義弘《おおうちよしひろ》に授け、義弘はこれを各地に配布して三代将軍足利義満《よしみつ》に反抗した。鎌倉公方が京都将軍に対立するという、十五世紀を通じて続く構図の始まりである。

足利義満は、応永の乱の直前まで満兼に対して協力姿勢をとっていた。自らの政治を「暴乱」と非難された義満が怒ったことは言うまでもない。とはいえ、足利義満と満兼とは、もはや「双子」の関係ではなくなっていた。

三代将軍足利義満は持明院《じみょういん》統の後円融《ごえんゆう》天皇の従兄弟《いとこ》にあたる。後円融天皇の父後光厳《ごこう》天皇が二代将軍足利義詮の妾紀良子《きのよしこ》の妹仲子を後宮に入れて、義満の従兄弟にあたる後円融天皇をもうけ、これを皇位継承者にした。観応の擾乱のあと、持明院統は後光厳天皇の兄崇光《すこう》上皇の血筋と後光厳天皇の血筋との間で、皇位継承争いの状態に陥っていた。このため、後光厳天皇は、幕府の支持を確保するために義詮と義兄弟の関係になり、義満に後円融天皇を助けさせようとしたのである。義満の父義詮と満兼の祖父基氏は兄弟なのだが、天皇家との関係では、まったく違った立場になってしまった。

応永の乱の前年に崇光上皇が没して、持明院統の家産にあたる長講堂《ちょうこうどう》領が義満の手によって後小松《ごこまつ》天皇の支配下に移された。崇光上皇の皇子栄仁《よしひと》親王は出家に追い込まれ、皇位継承争いから脱落させられてしまった。足利義満は崇光上皇の院政で後小松天皇が脅かされることがないようにするため、自ら「法皇《ほうおう》」のように振る舞っていた。

足利満兼が義満の何を指して「暴乱」と称したのか、その真意を物語る史料はない。武士の立場を維持していた鎌倉公方と、「法皇」のように振る舞う足利義満とが、似ても似つかぬ存在になっていたことは明らかである。四代将軍足利義持《よしもち》は後小松上皇の補佐役としてキングメーカーの地位を保った。後小松天皇の血筋が絶えたため、義教は崇光上皇の曾孫《ひまご》にあたる後花園《ごはなぞの》天皇を皇位につけた。キングメーカーの地位は揺らぐことがなかった。

大内義弘が討滅されて、満兼が京都に攻め上るチャンスは潰された。義満は満兼を討とうとしたが、諸大名に諫《いさ》められていったんは思いとどまった。とはいえ、陸奥《むつ》・信濃《しなの》で京方・鎌倉方の代理戦争が続いた。義満は急死する直前に、出家させていた子息義嗣《よしつぐ》を還俗《げんぞく》させた。義嗣を鎌倉公方にする狙いではなかったかとも考えられる。

応永十五年（一四〇八）に義満が没したあと、その翌年に満兼も没した。足利義持は、満兼の子持氏《もちうじ》を「猶子《ゆうし》」にした。義持は持氏の義理の父になったから、持氏と対立する関東の豪族が義持の庇護を求め、「京都様御扶持《ふち》衆」と呼ばれるようになった。持氏はお構いなしに彼らを弾圧し、結果的に京都と鎌倉との戦争の危機が増幅されるようになった。五代将軍にあたる義持の子足利義量《よしかず》が応永三十二年（一四二五）に没したあと、持氏は自分が義持の後継将軍に指名されるのではないかと期待し始めた、と考える論者もある。義持の弟義教《よしのり》が六代将軍になったあと、持氏が義教を怨《うら》む態度をとっているからである。結局のところ、擬制的な父子関係を設定したとしても、京都公方と鎌倉公方との関係の調整は容易ではなかった。

調整役にあたる関東管領と鎌倉公方との関係も脆弱《ぜいじゃく》になっていった。犬懸《いぬかけ》上杉氏憲《うじのり》（禅秀《ぜんしゅう》）は持氏と対立して応永二十二年（一四一五）に関東管領を辞職し、翌年、持氏に対する反乱（上杉禅秀の乱）を起こし、犬懸上杉家は滅亡状態に陥った。禅秀のあと関東管領になった山内上杉《やまのうち》憲基《のりもと》は応永二十五年（一四一八）に嗣子のないまま没した。越後《えちご》守護家から九歳の憲実《のりざね》を迎えて養子としたが、幼い憲実が公方を抑える役目を果たすことは難しかった。

憲実の頃には、かつてのように関東管領が鎌倉公方の命令を通達するという連繋もなくなった。鎌倉公方の政務を支える状態でなくては、関東管領が公方の動きを制御することはできない。幕府を代弁して持氏に苦言を呈するだけでは、むしろ関東管領と鎌倉公方との対立になってしまう。そして、持氏が憲実と対立してこれを討とうとしたために、幕府軍の介入を招いて滅亡することになる。これが永享《えいきょう》の乱だ。鎌倉公方と関東管領の関係が薄れたために、幕府が鎌倉府を制御する仕組みも「死に体」になっていたのである。関東が幕府の思いのままにならなくなったという通説の背景には、このような事情があった。

とはいえ、「思いのままにならない」ということと、「棄てて顧みない」ということとは同義ではない。三管領家畠山《はたけやま》氏の内紛は、畠山持国《もちくに》が足利義教によって廃嫡《はいちゃく》されたことを発端とする。持国が持氏遺児の挙兵である結城《ゆうき》合戦への出征を難渋したことが原因であった。斯波《しば》氏の内紛の発端は、堀越《ほりこし》公方足利政知《まさとも》の下向に呼応して関東に出征することを命じられた斯波義敏《よしとし》が抗命したことにあった。斯波義廉《よしかど》を斥《しりぞ》けて義敏を復権させようとする計画の背景には、堀越公方の内紛で義廉の実父渋川義鏡《しぶかわよしかね》が失脚したという事情があった。応仁の乱のさなか、古河公方成氏からの働きかけで西軍諸将は成氏と提携した。

関東で発生した体制の亀裂、鎌倉公方と関東管領との抗争（享徳の乱）が、次第に幕府中枢部に貫入していって、ついには幕府自体の分裂という姿になった。これが応仁の乱の重要な一側面であったというのが、私の考えである。

❖京都と鎌倉の合従連衡とねじれ

永享の乱（永享十年〈一四三八〉）で足利持氏が滅ぼされ、基氏流鎌倉公方はいったん断絶をしたわけだが、幕府は関東の体制を構築し直すことができなかった。

当時の将軍足利義教は、関東へ自分の子息を送り込んで新たな鎌倉公方とする計画だった。だが、義教は将軍になるまでは僧侶であり、子どもたちはまだ幼かった。幼い

将軍・鎌倉公方の略系図

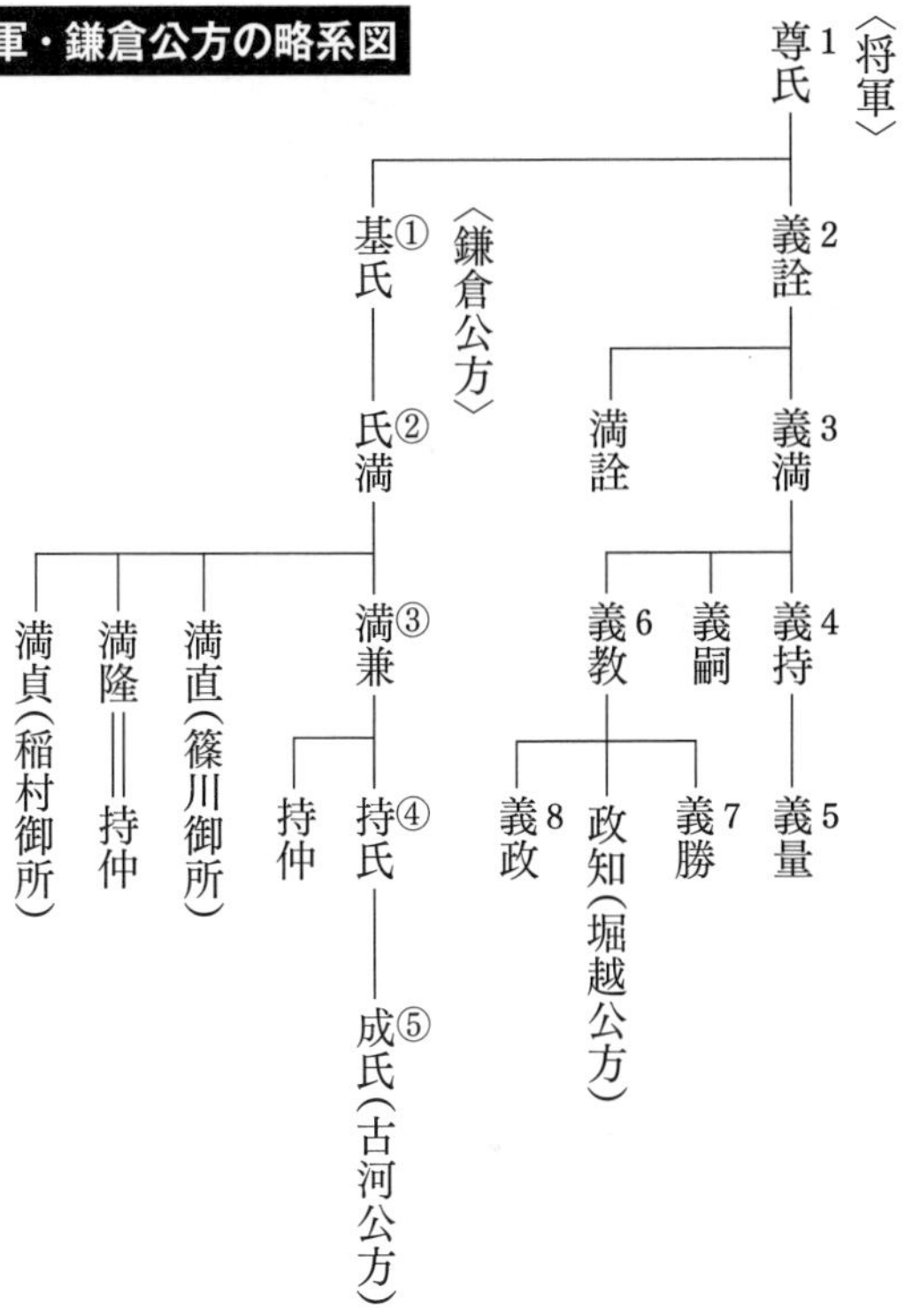

自分の子どもを関東へ送り込んだとしても、取締りができない。関東管領上杉憲実が足利持氏を死なせたために、有力豪族たちから憎悪を買っていたという事情もあった。

　鎌倉府のなかでは、実質的に関東管領に権力が集中し、長きにわたって関東管領と地方豪族たち

古河公方館跡（古河市）

が揉《も》めている状態にあった。このため、鎌倉公方個人を排除してもこの対立構図自体は消えない。四代将軍義教が殺されてしまったこともあり、幕府は組み換えを実行できなかった。上杉憲実は、自分と子孫が退陣することで対立を収拾する策を考えたのだが、実現しないまま、持氏の子の成氏が鎌倉公方（古河公方）になり、憲実の子の憲忠《のりただ》が関東管領になる。結局、同じ対立構造が復活し、その後も続くことになった。

京都幕府のなかでは、細川と畠山が有力であり、両者は対立していた。細川氏の場合は持氏を死なせたときの管領持之《もちゆき》の子が勝元《かつもと》であった。一方、畠山氏の場合は義教によって家督から排除されていた畠山持国が復活していた。畠山持国が足利成氏を擁護し、義教のもとで抑圧された勢力同士が連携するような構造となっていた。

この構造が、幕府と鎌倉府との抗争にも連動していくのだ。畠山持国は鎌倉公方成氏を庇護していたのだが、享徳三年（一四五四）、細川勝元と山名持豊《やまなもちとよ》（宗全《そうぜん》）が手を組んで持国を失脚に追い込んだ。成氏は「これはまずい」と考えた。年末、成氏が関東管領上杉憲忠を謀殺して戦争がはじまった。「享徳の乱」と呼ぶ。成氏は、翌年早々鎌倉から下総古河に移り（古河公方）、東関東の豪族に依拠して上杉氏と戦う態勢を固めた。

その収拾策として幕府側が考えたのは、義政の兄の足利政知（堀越公方）を関東に送りこんで、彼を中心に鎌倉府を再構築するという案であった。政知は長禄《ちょうろく》二年（一四五八）に下向したものの鎌倉には入れず、伊豆北条にいて「堀越公方」と称された。

❖斯波氏の家督争い、そして伊勢氏の策動

堀越公方を通じて関東の支配体制を再建するという政策には、最初からケチがついてまわった。そのひとつめは、斯波氏に内輪もめが起こってしまったことである。

義政は斯波義敏に堀越公方をバックアップさせようとした。義敏は越前《えちぜん》・尾張《おわり》・遠江《とおとうみ》を領する大大名で、実父の斯波持種《もちたね》は永享の乱の幕府軍主将の一人だった。義敏は政知とともに関東へ下って成氏を討つように命じられた。しかし、義敏と重臣甲斐常治《かいじょうち》(将久《ゆきひさ》)との間で、領国支配を巡り対立が起こる。義敏は義政の命令に抗《あらが》って、追放されてしまった。このため、政知下向と同時に開始する予定だった古河城への総攻撃も失敗した。

義政と細川勝元は、最初は畠山持国の跡目相続を巡って対立していたのだが、義政は斯波氏の問題等で失点を重ねて、やむなく勝元と手を結ぶこととなった。だが、堀越公方をバックアップする体制の問題が斯波氏の家督問題となって尾を引いていった。細川勝元は義敏を復権させようとしたが、義政は義敏の抗命を怒って許さない。

そこでやむなく、義政の側近の伊勢貞親《いせさだちか》が、堀越公方の重臣であった渋川義鏡の息子を連れてきて斯波氏の家督に据えた。これが斯波義廉である。

ところが、堀越公方の周辺で内輪もめが起こり、渋川義鏡が山内上杉氏・扇谷上杉氏などと対立して失脚するという、大番狂わせが発生した。斯波氏と堀越公方をつないで

堀越公方館跡（伊豆の国市）

おく線が切れてしまった。そこでやむなく斯波家の家督を義廉から再び義敏に戻そうという話になった。細川勝元は引き続き義敏を庇護し、その復権に協力する。

義廉を立てた伊勢貞親が責任を感じて、積極的に義廉を取り替えようと策動した。ところが、義廉の母親は山名持豊とは従兄妹の関係になる山名一門の女性であった。持豊としては、従兄妹の子義廉を廃して義敏を復活させるなど許せるはずがない。

細川勝元を後援していたのも山名持豊であった。山名は大内と最初に提携して、細川とも提携して、この三者の連合が強大であったために、畠山持国は敗れて退いた。

ところが、寛正《かんしょう》六年（一四六五）に細川と大内との間で、戦争が起こってしまった。当時、伊予《いよ》国（現在の愛媛県）の守護は河野《こうの》氏が占めていたのだが、伊予以外の四国の三カ国の守護であった細川氏が河野氏ともめた。そして細川賢氏を伊予の守護とした。

これをみた大内氏が武力介入して細川方を攻撃した。瀬戸内海の制海権をめぐる対立が背景として考えられる。細川は伊勢貞親に交渉をたのみ、将軍の命令という名分のもとで山名をこの戦争に巻き込もうとした。つまり、細川は山名に頼ろうと思ったのである。ところが、貞親は義廉を廃して義敏を復活させようとしていたため、山名と対立していった。こうして起こったのが文正《ぶんしょう》の政変（文正元年〈一四六六〉）という事件であった。伊勢貞親が、義政の後継将軍に定められていた足利義視を義廉方の黒幕だと訴え、義政に義視を処刑するように迫ったが、諸大名が憤激して逆に貞親を追放したという事件である。

このとき、将軍義政は、弟の足利義視への代替わりを予定していた。おおよそ応仁元年（一四六七）のうちに代替わりが行われる予定であったと思《おぼ》しい。こうして、さまざ

足利義政(東京大学史料編纂所所蔵模写)

まの対立が将軍職の跡目争いに連結してしまったのである。

義政と伊勢貞親は非常に密接な関係にあったので、貞親に圧迫された人々は義視の庇護を期待した。義視が将軍になれば、一挙に主導権を握れる可能性もあった。

そういった思惑も絡み、伊勢貞親が失脚したあと、畠山政長《まさなが》のライバルである畠山義就《よしひろ》を復活させようとする動きが出てくる。細川勝元が庇護していた畠山政長を、山名・斯波義廉の推す畠山義就が斥けたために、応仁の乱が始まることになる。

義視を誅戮《ちゅうりく》しようとした伊勢貞親は、日野富子が産んだ足利義尚《よしひさ》の乳父《めのと》でもあった。義視誅戮を巡る騒動は、義尚を家督に立てようとする富子の差し金だととられるのが自然な形勢だった。これでは富子は困る。わが子の義尚が巻き込まれてしまう。義視の妻は富子の妹（良子）で、結婚を斡旋したのは富子自身である。既に良子が義材《よしき》（のち義《よし》稙《たね》）を産んでいる。富子は妹夫婦に対する面目が立たない立場にも立たされたのである。

そうすると、富子は結果的に山名たちの動きに迎合するようになってしまうのである。山名たちが貞親のことを怒っているので、富子は自分や義尚が貞親の企《くわだ》てには関係していないことを伝えるべく、山名に手紙を出したとみられる。義視も山名に同調していたから、ここで、将軍家の家族たちからの支持が細川から離れて、山名方に移ってしまった。突如として細川勝元が孤立する、想定外の形勢になったのだ。

こういった流れもあり、将軍家族をなんとしても手元におさえようという動きが上御《かみ》霊《ご》社《りょうしゃ》の合戦（応仁元年〈一四六七〉正月）あたりから明確に出てくる。そして将軍家族の奪い合いの末に、同年五月に細川勝元が武力抗争に踏み切る、というのが応仁元年の流れとなる。

◆応仁二年の関東情勢と乱の推移

東西両軍の戦いが始まると、古河公方足利成氏は幕府の混乱を利用しようとして西軍側に働きかけた。西軍方では足利義視を西軍に引き込もうとする工作が並行して進んでいた。応仁二年になって、西軍は足利義視を主将に担ぎ、古河公方足利成氏と手を組む。東軍方の義政・勝元は引き続き堀越公方とつながっている。京都と関東の政治勢力の系列化が、東幕府―堀越公方／西幕府―古河公方という二系列としてできあがった。

成氏は西幕府の権威を恃《たの》んで、義政の代官が治めていた下野《しもつけ》足利荘（足利市）を奪おうとした。足利氏の名字の地だから、足利荘には象徴的意味があった。義視が西軍に参加して将軍格になった直後に攻撃を開始した。ただし、作戦は失敗に終わったようだ。

そういう形が応仁二年あたりにできた。成氏は上杉方との戦争を粘り強く続け、最終的に上杉方に戦争継続を断念させる状況にまで追い込む。西軍諸将も成氏方の勝算が立つまで、解散を見合わせて延々と京都での戦いを続けた。

関東の問題、鎌倉府体制をどうするのか、という問題は、応永の乱以降幕府のなかでかなり重要な焦点として常に存在していた。そして、それが応仁の乱の勃発で、東と西とが連動して割れる形をもたらすことになったのだ。

山名と細川というのは、実はそれほど仲は悪くない。領国も接しているし、細川勝元は細川一族のなかでは山名と親しくやっていこうとして心を砕いた人物でもあった。

山名としても、細川との提携には魅力があった。山名氏は足利義教を殺害した赤松満《あかまつみつ》祐《すけ》を討って、播磨《はりま》・美作《みまさか》・備前《びぜん》を手に入れていた。応仁の乱が始まって間もなく、三カ国は赤松政則《まさのり》によって奪い返されてしまった。大乱の途中で持豊の後継者政豊《まさとよ》が西軍から離れて東軍に与《くみ》したのは、赤松に奪われた三カ国を取り返すためであった。勝元が没したあと、持豊の養女が産んだ細川政元《まさもと》が細川氏の家督になっている。仇敵の赤松を追い払うために、細川の支持をあてにしたのだ。

結局、最後まで西軍に残るのは、最初から細川と揉めていた大内であった。大内に加えて、古河公方と接点があった美濃《みの》の斎藤氏も西軍に残った。永享の乱後、成氏の兄弟が三人、美濃守護の土岐《とき》家に養われていて、順次関東に戻っている。美濃の面々は、その三人を介して成氏側と連絡をとりあったと思われる。土岐の重臣の斎藤妙椿《みょうちん》という守護代が、古河公方の兄弟たちとの間で連絡をとっているということが、断続的ではあるが、奈良の興福寺大乗院門跡《こうふくじだいじょういんもんぜき》の日記（『大乗院寺社雑事記《ぞうじき》』）に出てくる。斎藤妙椿は土岐成頼《しげより》の後見役として絶大な権勢を揮《ふる》った人物である。

そういう関係からいうと、山名が抜けたあとの西軍の動向を左右し、対細川や対古河公方の要となるのは大内と斎藤の両者、という構造になる。

応仁の乱から明応の政変への必然的な動き

十四世紀、いわゆる南北朝時代が皇位継承争いの時代であったとすると、十五世紀は足利氏が関東と京都の間でいかに統合体制を維持できるのか、という時代であった。

幕府にとって関東への対策が重要であったため、関東の情勢が変動すると、幕府内部でも対策をめぐって対立が起こる。畠山持国の失脚が足利成氏挙兵の引き金になるように、京から関東へ作用することもあった。東と西とが相互作用する関係である。

このような東西の相関関係が最終的に消滅した転機が、明応《めいおう》の政変（明応二年〈一四九三〉）であった。細川勝元の子政元が立てた計画は、堀越公方足利政知の子息義澄《よしずみ》を京都将軍にし、義澄の弟潤童子《じゅんどうじ》に堀越公方を嗣がせて、兄弟で京と関東の両翼を担うようにするというものだった。しかし、堀越公方の後継者となるはずだった潤童子が、庶兄の茶々丸《ちゃちゃまる》に殺されて、この計画が破綻した。延徳三年（一四九一）、政知が没した直後のことだった。

北条早雲こと伊勢宗瑞（『本朝名将百図』〈長浜城歴史博物館蔵〉より）

明応二年、細川政元が足利義稙を追放して義澄を将軍に擁立する政変を起こした。伊勢氏の一族で足利義尚の側近だった伊勢宗瑞《そうずい》（いわゆる北条早雲）が義澄の生母の仇である堀越公方足利茶々丸を攻めた。宗瑞は伊勢貞親の姉妹が産んだ人物で、宗瑞の姉妹が駿河守護今川義忠《いまがわよしただ》に嫁して氏親《うじちか》を産んだ。宗瑞は長享元年（一四八七）に甥の氏親《うじちか》を駿河国主に据えて、足利政知を支える態勢をと

伊勢氏系図

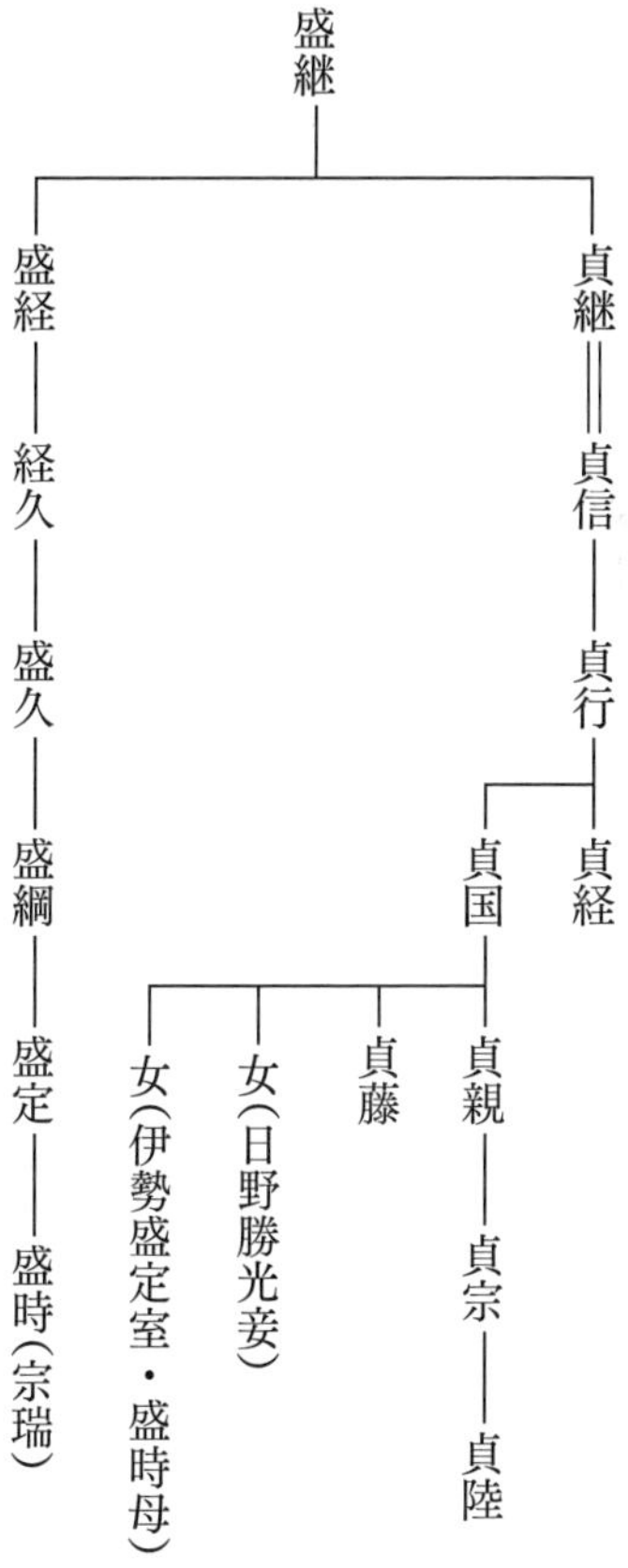

った。細川政元の協力者だったのである。

明応の政変の時点では、もはや将軍の兄弟が分担して京と鎌倉を押さえる体制は再興不能の状態だった。替わって、「京都将軍の分裂」ということが全国的な動乱の焦点になった。京都の将軍はいわゆる「流れ公方」の足利義稙と、京都の義澄と、ふたつに割れた。「流れ公方」が各地を移動しつつ諸勢力をひきつけたので、動乱が全国に波及する。

明応の政変のあと、義稙はまず越中に逃れた。関東管領山内上杉顕定《あきさだ》の実父は越後の守護上杉房定《ふささだ》であり、房定は隣国にいる義稙に与するほかなかった。子の顕定も伊豆守護を兼ねていたため茶々丸を庇護したから、義澄と対立していた。関東管領に引きずられる形で東国の諸勢力が義稙に与した。

義稙は明応八年（一四九九）十一月に越前から京都に攻め上ろうとして失敗し、周防《すおう》に逃れた。細川政元は義稙の背後を絶つため、伊勢宗瑞を棄てて、関東管領顕定との関係修復を図った。足利茶々丸は明応七年（一四九八）八月に宗瑞に敗れて切腹していたから、妨げにはならなかった。明応四年（一四九五）八月、顕定と結んで宗瑞と戦って

明応の政変と関東の争乱の関係図

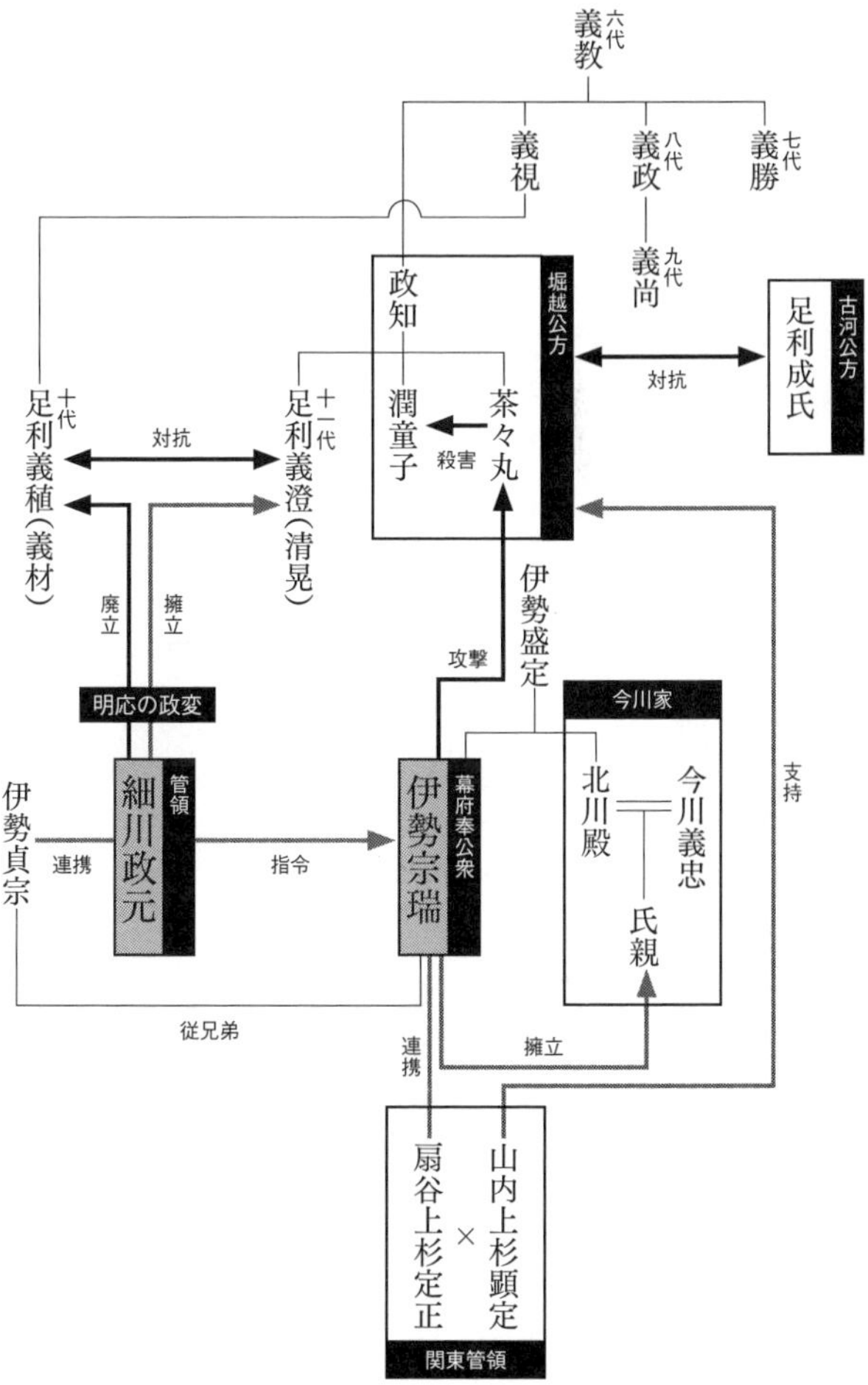

いた古河公方足利政氏《まさうじ》の子が京都の義澄（当時は「義高《よしたか》」）の偏諱《へんき》をもらって元服し、高氏《たかうじ》（のち高基《たかもと》）と名乗った。京都との提携関係が回復した結果である。宗瑞らは、政元・義澄と絶交して義稙に通じた。

「流れ公方」足利義稙の動きを介して、古河公方も関東管領も、「京都将軍の分裂」による影響をひとしなみに受けた。京都幕府と古河公方との対抗関係は完全に消滅している。一三九九年の応永の乱から一四九三年の明応の政変までが、「ひとつの特質を一貫して保ち続けた」という意味での「時代」であると考えられる。関東と京都との統合策をめぐって、幕府政治が左右された時代である。そしてそのなかの一コマに応仁の乱がある。

❖塹壕があるのに往来しあう山名と細川

応仁の乱の過程で古河公方と西軍との間に連繋があるという意見は、もともとは古河公方研究の創始者とも言える佐藤博信氏らによって提起されたもので、京都側の事情を容れて修正したのが私の意見である。佐藤氏らは大乱勃発以前から西軍に成氏との連繋構想があったと推測されたが、大乱勃発後に成氏が西軍に働きかけて提携したのである。

この考え方で応仁の乱全体を眺めると、付け加えるべき部分がやはり出てくる。

文明三年（一四七一）五月、朝倉孝景《あさくらたかかげ》（もと敏景《としかげ》）という斯波の重臣だった人物が、西軍から東軍に寝返って、足利義政から越前の実質的な守護に任じられるという事件があった。これに前後して、古河公方が上杉方に攻撃されて古河城から逃げ出すという事件が起こっている。

古河の北面を守る小山《おやま》城の小山持政《もちまさ》が幕府方に寝返り、古河の西の佐野《さの》氏と東の小田《おだ》氏も一緒に上杉方に寝返った。成氏は危険と判断して南の千葉《ちば》氏のもとに離脱した。古河公方と西軍は手をつないでいる。いっぽう、朝倉は西軍ができるときにかなり活発に動いた、「西方張本《ちょうほん》」とも呼ばれた男であった。つまり、この二人を潰し、味方にすれば、西軍は空中分解すると東軍首脳は考えたのだろうと推測できる。

東軍に寝返った朝倉孝景は奉書《ほうしょ》を用いて権限を行使している。義政直属となったようだが、守護の用いる直状《じきじょう》を用いておらず、守護ではない。東軍の越前守護だった斯波義敏から守護職を召し上げ、将軍義政が御料国として守護職を握ったようだ。細川勝元が朝倉との折衝を担当していた。大名である管領細川勝元の企画で有力大名斯波義敏の守護職を改易《かいえき》したのである。味方大名への処遇としては「禁じ手」とも言える変則であった。

そういう目でみると、文明三年末から、東軍が管領奉書を出さなくなるという現象が、「禁じ手」の副作用として注目されることになる。そのあとはどうなるかというと、管領のなり手がいなくなってしまうのである。幕府管領が将軍の命を下達する文書である管領奉書は、この文明三年の十月を最後に消滅するという。古河公方討滅が失敗に終わったことが明らかになったのも、およそそのあたりなのだ。千葉氏のもとに逃れた足利成氏が、古河城回復作戦を開始した。成氏を討って西軍に打撃を与えるという目《もく》論見《ろみ》は潰《つい》えた。東軍に転じた朝倉孝景は、まだ越前の支配を西軍方から奪うには至っていない。管領奉書の消滅する時期は、西幕府を瓦解させるために打たれた「禁じ手」が空振りに終わったことが明確になった時期であった。おおよそ文明四年のうちに成氏は古河城に戻り、文明五年には足利荘や上杉方の本陣五十子《いがっこ》（埼玉県本庄市）を脅かすようになる。

山名宗全（右。持豊）と細川勝元（『本朝百将伝』より。国立国会図書館蔵）

そこで文明四年になると、細川と山名が仲直りしようかと言い出す。その後は、管領のなり手がいない。足利義尚が文明五年に九代将軍になり、畠山政長が管領職についた時期があるが、政長は管領奉書をほとんど出していない。戦乱のなかで管領勝元が実行した「禁じ手」が、逆に管領職のあり方を変質させたとみられるであろう。

管領不在の原因のひとつは、細川家の当主が幼いことにもあった。山名持豊の養女桂昌了久が生んだ細川政元である。文明五年（一四七三）三月に持豊が没し、同年五月に勝元が没し、政元が勝元の後継者になった。東西両軍の和睦は実現していないのだが、細川・

山名の間では、その直後から塹壕《ざんごう》越しに往来をするようになった。大乱の口火を切った細川・山名は、戦争の方向性を解明できなくなって離脱を図り始めたのである。

文明六年四月、細川と山名が和睦し、山名持豊の後継者政豊は東軍に属して西軍と戦い始めた。西軍では、大内政弘、土岐成頼（後見人は斎藤妙椿）、畠山義就が、山名不在でも戦争を続けると決めた。いずれも、大乱勃発以前から細川勢力と対立していた者たちである。お互いに手を組んで生き残りを画策する。あとは状況次第である。

いっぽう、関東では上杉勢力の内部に分裂が生じていた。山内上杉氏の家宰長尾景信《ながおかげのぶ》の子景春《かげはる》が、父の死後、家宰職を継げなかったことを恨みとして関東管領山内上杉顕定に対する反乱を画策していた。文明九年（一四七七）正月に長尾景春の乱が勃発し、これに古河公方成氏が武力介入するに及んで、上杉方の術策は尽きた。同年年末に上杉氏が「京都との和睦交渉を仲介する」という約束で古河公方との戦乱

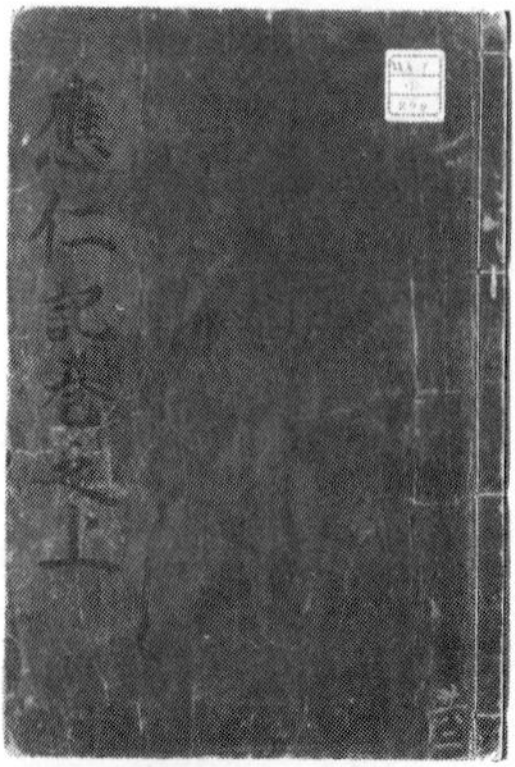
『応仁記』の表紙
（国立国会図書館蔵）

日野富子木像(宝鏡寺蔵)

を終息させた。この形勢を踏まえて、西軍諸将は同年十一月に一斉に京都の陣営をたたんで領国へと下向した。

義政に対しては、「古河公方と和睦しました」という関東上杉氏からの状況報告がなされず、ずっと伏せられていたようである。しびれを切らした成氏が急《せ》かしたためやむなく上申して、義政もまた、それをやむなく承認したのが文明十四年のことだった。

❖『応仁記』に描かれた日野富子悪女論の原型

『応仁記』は日野富子を大乱の原因として指弾し、その「悪行」を描いている。

日野富子は夫の足利義政が弟義視に将軍職を譲ろうとしたことに不満を抱き、わが子義尚を将軍にするよう山名持豊に依頼し、これを容れた山名が、義視を亡き者とするために義視の後見人細川勝元との対決を決意した。持豊が畠山義就を京都に招き、義就と畠山政長の対立が口火になって応仁の乱が始まった。これが、その内容である。

このエピソードは、伊勢貞親が足利義視を誅殺するように義政に進言して失脚した、文正の政変に関する記述の直後にある。山名持豊は伊勢貞親と対立していたから、義視誅殺問題を厳しく糾弾していた。その山名に対して、富子が義視を亡き者にせよと迫り、持豊がこれを受け容れたという話になっているわけで、無理筋である。文正の政変のあと、義視は山名と結んで畠山義就に肩入れしている。富子が畠山義就の帰京に尽力した徴証はあるけれど、義視を陥れようとする脈絡に位置づくものではないのである。

こういった事情を踏まえて、日野富子を大乱の元凶とする『応仁記』の記述はデマゴギーである、とみるのが私の意見だ。同時代の公家・僧侶の日記には、富子を乱の原因だとする記述が全くない。後世の作り話である可能性が強い。

『応仁記』の作劇術をみると、細川勝元と畠山政長との親密な関係、勝元と足利義視との親密な関係という、二点に力点がある。前者については、細川勝元の重臣安富元綱《やすとみもとつな》と畠山政長の重臣神保長誠《じんぼうながのぶ》との「衆道《しゅどう》」（男性同士の同性愛）関係がサビになっている。後者については、義視を陥れようとした富子・山名持豊が勝元に挑戦したというストーリーがある。細川氏、政長流畠山氏、足利義視の子孫に関係する人々を聴衆として想定した作品なのである。述作時期は、応仁の乱後、細川氏が畠山政長の子孫や足利義視の子孫と同盟関係にあった時期となる。それは永正《えいしょう》五年（一五〇八）以後だ、ということになる。

足利義視は西軍の主将だったから、大乱の終息《しゅうそく》後は子息の義稙とともに美濃斎藤氏のもとにいた。長享三年（一四八九）に足利義尚が没すると、義視・義稙父子は将軍職を継承するため、京都に舞い戻った。細川勝元の子政元は義視を嫌い、足利政知の子義澄の擁立を考えた。義稙の生母が妹の良子であるため、富子が尽力して義稙に家督を継がせた。

この前後、細川政元は足利義澄の擁立を画策していたから、義稙とは関係が悪かった。明応の政変で義稙を追放してからのちはなおさらである。畠山政長はこのころ義稙と結んでいたため、明応の政変で細川軍に敗れて自殺した。子息の尚順《ひさのぶ》が逃れて政元と戦うことになる。永正四年（一五〇七）に細川政元が暗殺され、永正五年に義澄が京都から逃げ出し、義稙と畠山尚順が帰京することで、十五年にわたる抗争に終止符が打たれた。

義稙や畠山尚順と同盟したのは政元の養子の一人細川高国《たかくに》だった。この同盟は大永元年（一五二一）に高国と仲違いした義稙が京都を去るまで続いた。義稙・尚順・高国は、血みどろの抗争を戦ったあとで、不本意ながら協力せざるをえない関係になった。このため、憎悪を慰やす「物語」を必要としていた。細川勝元と畠山政長との親密な関係、勝元が義視を擁護したという話題を盛った『応仁記』は、三者を「かつては親しい関係だった」と描き出す「作り話」として造作されたのだ。日野富子は既に没しており、不和の元凶という「濡れ衣」を着せても不服を唱える者はいなかった。後世の人は、「女を政治に関わらせてはいけない」ということの教訓として『応仁記』を読んだことだろう。デマは聴き手や読者の願望や先入観を利用して食い込んでいく。以《もっ》て瞑《めい》すべきことがらである。

大乱の原因について、根本的なところでわかっていないこともある。例えば、義政がなぜ弟義視に跡目を譲ろうとしたのか、という点などである。これまでは、「義政が政務に飽きたから」と記す『応仁記』の説明を踏襲することしかできていなかった。

義政の関東対策は失敗続きだったが、義視を還俗《げんぞく》させた寛正五年（一四六四）当時は比較的順調な時期であった。足利成氏が占拠していた足利荘を奪回する作戦が準備されており、文正元年（一四六六）七月に奪回に成功した。「義政が政務に飽き」るような状況ではなかった。

義政が元気であるのに弟の義視に将軍職を譲ろうとしたわけだが、こんなことは空前絶後だろう。初代将軍尊氏《たかうじ》と弟の直義《ただよし》との対立が原因で大混乱（観応の擾乱）が起こっているほどだ。通常ならしない「禁じ手」をやったために、大騒動になったわけだ。

義政には十人の男子兄弟がいたが、若くして没した者が多い。浄土寺義尋《ぎじん》（義視）を還俗させて後継者にしたのは寛正五年十二月だが、四月に義政の同母弟聖護院義観《しょうごいんぎかん》が没していたため、義政の他には政知と義視だけしか生き残っていない状態だった。

義教・義政の東国対策は、義教の子息兄弟で京都と関東とを分担する考え方に基づいていた。義政は、同母弟義観の死をきっかけとして、義政・政知に何かあったときのことを考えるようになったと思われる。寛正五年当時、義政にも政知にも男子がいなかった。そこで義視を還俗させたと考えられる。日野富子は妹良子を義視に娶《めあわ》せ、日野家と将軍家の合体を維持しつつ、どちらに男子が生まれてもよい万全の態勢をとった。

このとき、義政のために東山御所をつくる計画も同時並行で進行していた。兄弟である政知・義視をそれぞれ関東と京都に分置して、義政自身は院政を敷くような形で後見する、といった仕組みを考えていたようだ。これが義政本人のプランであった。

ただし、傍《はた》はそうは見ない。大名たちは今のうちに義視のほうについたほうが得、と考える。その逆に、義政の政務の実権を握っていた側近グループの伊勢氏は、誰も義視のほうにはついていないのだ。伊勢一門は全て義尚の周囲に集まっている。義視を将軍にしたとしても、最終的には義尚が家督を継ぐに違いないと考えていたからだろう。

細川勝元も、義政の実権は揺るがないと考えている。ところが、ノーマークである義視のところに山名たちが一斉にくっついた。まったく想定外の事態となったわけだ。

つまり、伊勢貞親や細川勝元は、義政の意図をある程度理解していた。だからこそ側近ともいえるわけだが、それ以外の大名たちは、義視についていけば時代が変わるだろうと考えた。この力に圧されて貞親が失脚してしまい、義政と勝元との連携までもが狂った。義視はもとより富子も山名に加担する誤算となり、舞台上の立位置を失った勝元は大逆転のために打って出なければならなくなった。こういう流れで考えたほうがよいと思う。

応仁の乱 関連史蹟ガイド

京都を戦禍に巻き込んだ応仁の乱。およそ五五〇年を経た現在でも、その痕跡は京都を中心に少なからず残されている。ここでは、足利義政、日野富子ら主要人物に関連する史跡をご紹介する。

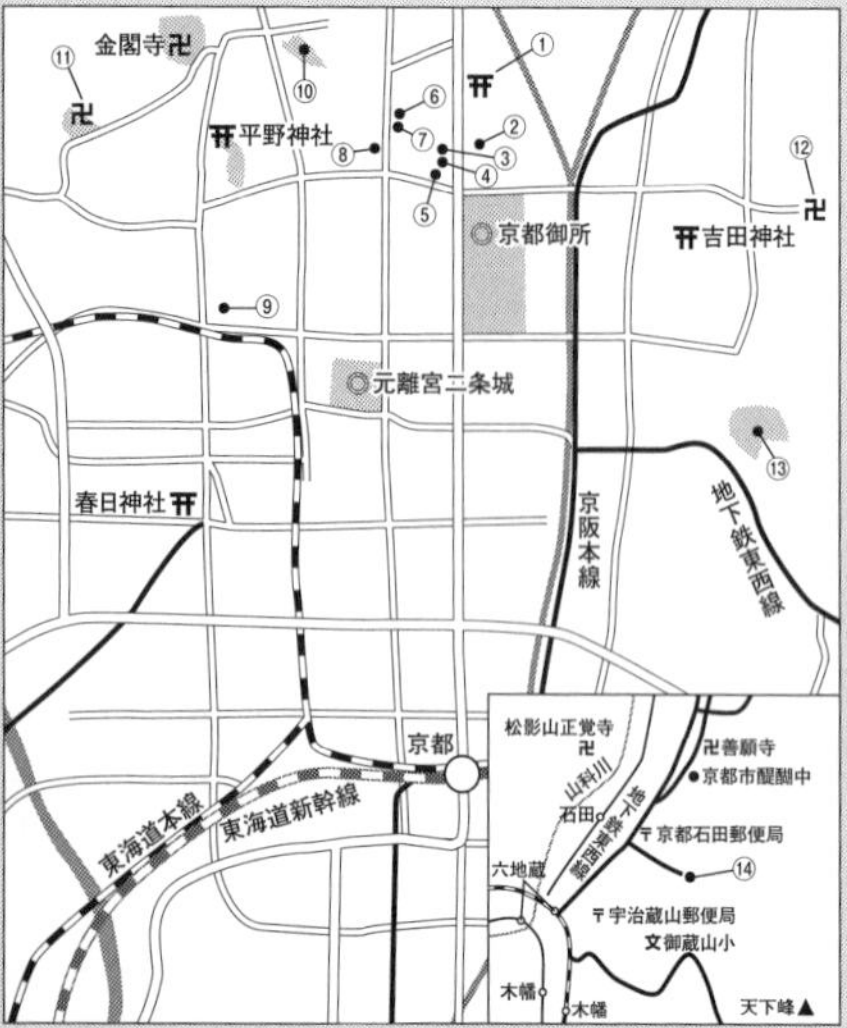

❶御霊神社

上御霊神社の鳥居と「応仁の乱勃発地」の碑

上御霊神社本殿

京都市上京区上御霊前通烏丸東入上御霊竪町495
中京区の下御霊神社と区別し上御霊神社と呼ぶ。平安期の御霊信仰で「怨霊」とされた早良親王らを祀る。応仁元年(1467)1月、応仁の乱の端緒となった畠山政長と畠山義就の戦いが神社の境内で行われ、鳥居の脇に「応仁の乱勃発地」の碑が建つ。

❷相国寺

京都市上京区今出川通烏丸東入相国寺門前町
足利義満の発願により創建された寺院。応仁の乱最大の激戦とされる相国寺の戦いで、東・西両幕府が相国寺の奪い合いを演じ、焼き打ちに遭うなどの被害を受けた。

相国寺総門

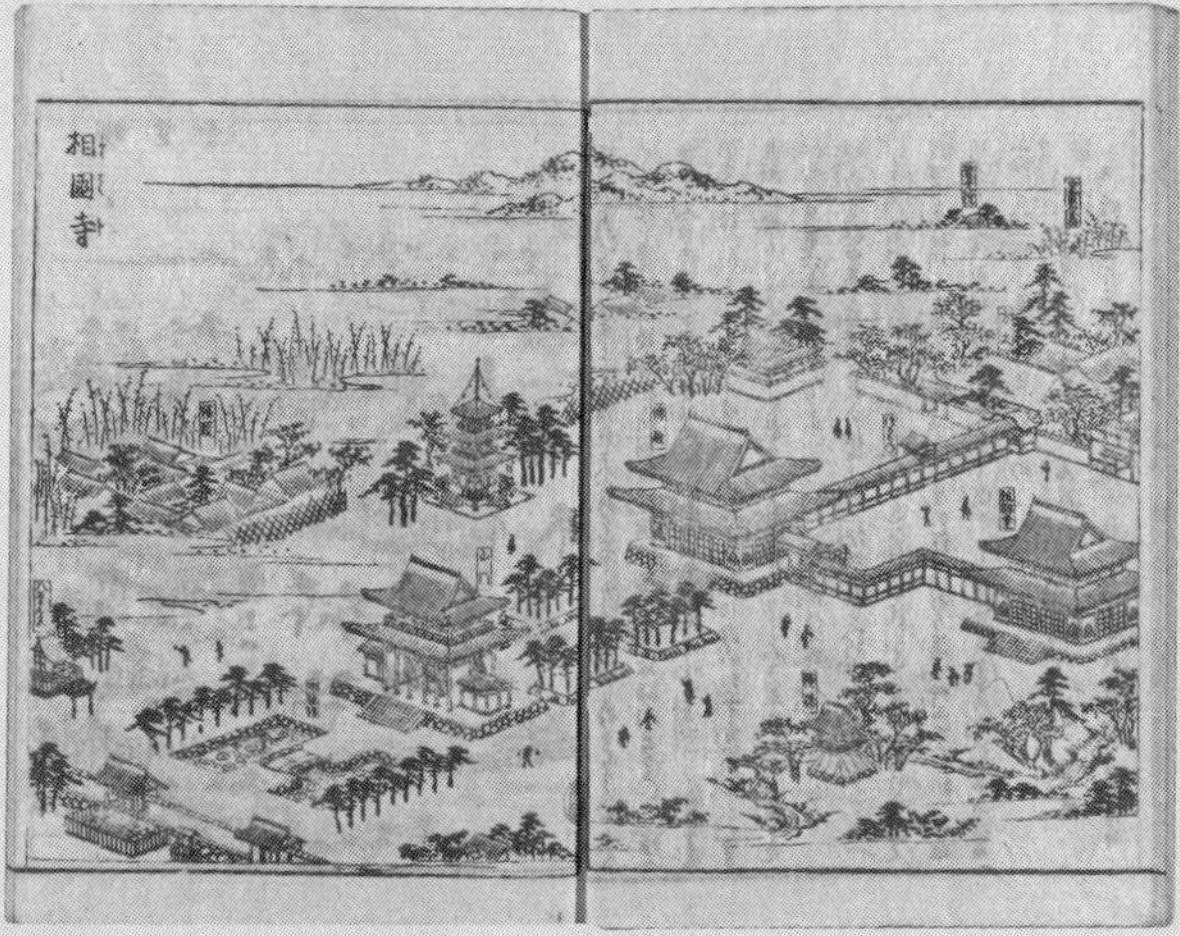

『都名所図会』に描かれた相国寺の境内(国立国会図書館蔵)

❸花の御所遺構

京都市上京区上立売通烏丸東入
同志社大学寒梅館の北東側敷地内
同志社大学の敷地に発見された「花の御所」の石敷き跡。上杉本『洛中洛外図屏風』に描かれた風景から推測すると、第十二代将軍足利義晴が再建した室町殿の遺構の可能性が高いと見られている。

同志社大学構内にある花の御所遺構の見学施設

施設から覗ける石敷き遺構

❺足利将軍室町第跡碑

京都市上京区今出川室町交差点の北東側
足利義満が造営した通称「花の御所」跡の碑。将軍の邸宅と幕府の政庁を兼ねていた。西側の正門が室町小路に面していたため、室町第、室町殿とも呼ばれた。また室町幕府の呼称は、このことに由来する。

室町第跡地の南西端に建つ「足利将軍室町第跡」の碑

❹花の御所跡石碑（大聖寺境内）

京都市上京区今出川通烏丸東入相国寺門前町
足利義満の発願により創建された寺院。応仁の乱最大の激戦とされる相国寺の戦いで、東・西両幕府が相国寺の奪い合いを演じ、焼き打ちに遭うなどの被害を受けた。

大聖寺境内にある「花乃御所」の碑

❻宝鏡寺（小川御所・小川殿）

京都市上京区寺之内通堀川東入百々町547

境内の一部が、室町幕府の別邸・小川御所の跡地にあたる。元は細川勝元の別邸で、足利義政が譲り受けた。文明８年(1476)、室町第の焼失により土御門天皇、義政、日野富子らが逃げ込んだが、義政は文明13年に岩倉長谷に移住した。

宝鏡寺の大門

宝鏡寺の境内

❼百々橋の礎石

京都市上京区寺之内通堀川東入百々町

応仁の乱で付近が激戦地となった百々橋の礎石。当時、戦場を南北に流れる川があり、小さな板の橋が架けられていた。その後橋は石造となり、昭和期に川も埋め立てられたが、石製の橋は京都市洛西竹林公園に移設されている。

百々橋の礎石と説明板

「山名宗全舊蹟」の石碑と説明板

❽山名宗全邸跡

京都市上京区山名町799
応仁の乱で足利義尚を擁した宗全は、みずからの邸宅を西幕府側の本陣とした。この故事にちなんで、邸宅付近一帯は現在「西陣」と呼ばれている。堀川通りから山名町に入る角に碑、その奥に進んだところに説明板と石碑が建てられている。

「山名宗全邸址」の碑

❾華開院

京都市上京区天神筋通丸太町上行衛町440
旧所在地は上京区大宮通寺之内下る華開院町。応仁の乱で西幕府側の陣所となり焼失し、曲折を経て現在地に移る。境内にある富子の供養塔は、かつて大慈院にあったが、明治期以後に宝鏡寺が大慈院を合併した際、華開院に移されたと見られる。

華開院の山門

日野富子の供養塔

⑩船岡山

京都市北区紫野北舟岡町
標高112メートル。眺望に優れ、京都一帯を見渡せる。戦略上の要地で、応仁の乱では西軍の大内政弘、山名教之らが船岡山城を構築して布陣したが、応仁2年（1468）に細川勝元が攻め落としている。中腹には織田信長を祀る建勲神社がある。

「史跡　船岡山」の碑

船岡山からの眺望

建勲神社の拝殿

⓫龍安寺

龍安寺山門

京都市右京区龍安寺御陵下町13

細川勝元開基の臨済宗の寺院。応仁の乱によって焼失したが、勝元の子の政元が再建した。石庭は国史跡・特別名勝に指定された名庭園。非公開の西の庭にある細川廟には、明暦4年（1658）に作製された勝元の木像が安置されている。

観光客で賑わう龍安寺石庭

四季の木々が水面に映える龍安寺の鏡容池

⑫慈照寺

京都市左京区銀閣寺町２

通称「銀閣寺」。応仁の乱で焼失した浄土寺の跡に、付近の景観を愛した足利義政が文明14年（1482）から東山山荘の造営に着手。義政死後、遺命により禅院に改められ慈照寺となった。二重の楼閣・銀閣（観音殿）および東求堂は国宝。

慈照寺の門

慈照寺の参道

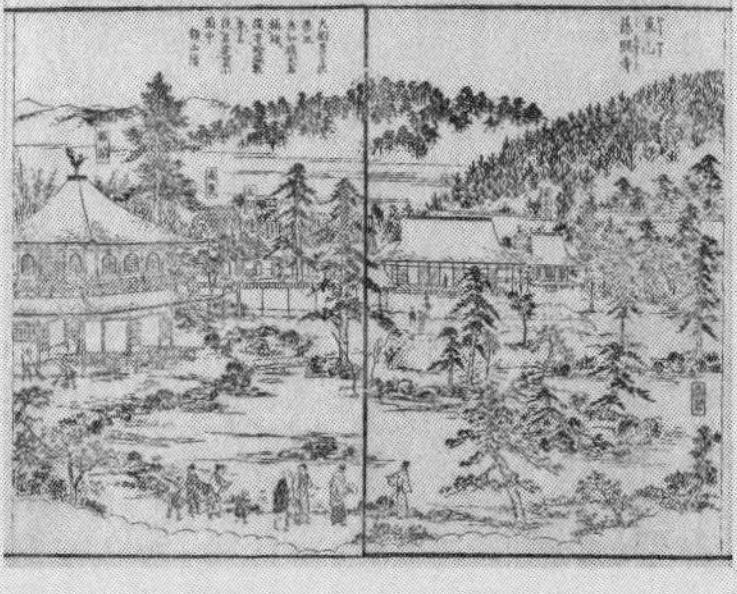

『花洛名勝図会』に描かれた慈照寺（個人蔵）

⑬山名宗全墓
（南禅寺真乗院）

京都市左京区南禅寺福地町86
南禅寺真乗院は、山名宗全が南禅寺の住持・香林宗簡のために建てた南禅寺の塔頭のひとつ。宗全死後に真乗院は彼の菩提寺となり、遺体は境内に葬られ現在も墓碑が残されている。

南禅寺真乗院の山門

山名宗全の墓

法界寺の山門

⓮法界寺

京都市伏見区日野西大道町19

通称日野薬師。日野家の家名を創始した平安中期の公卿・日野資業が創建した真言宗の寺院。応仁の乱の兵火で被害を受けたが、国宝の阿弥陀堂（13世紀前半）および阿弥陀如来像（11世紀末）を現在に伝える。

国宝の法界寺阿弥陀堂

応仁の乱 関係人物事典

足利義政《あしかがよしまさ》（一四三六〜一四九〇）

室町幕府八代将軍。六代将軍義教《よしのり》の五男。異母兄の第七代将軍義勝《よしかつ》がわずか十歳で病没したため、八歳でその後継となる。文安《ぶんあん》六年（一四四九）四月に十四歳で元服し、征夷大将軍《せいいたいしょうぐん》に任命された。当初は政務に積極的な姿勢を見せていたが、次第に政治への意欲を失い、官僚を重用して守護大名の反発を招くなど、政情を混乱させた。

幕府財政が困窮し、寛正《かんしょう》の大飢饉が発生した状況下でも社寺の造営を行い、遊山《ゆさん》や酒宴に明け暮れた。寛正五年（一四六四）、二十九歳の時に弟の義《ぎ》尋《じん》を還俗させて自身の後継に据えたが、翌年正室富子《とみこ》が義尚《よしひさ》を授かり、これに守護大名間の抗争が重なって応仁《おうにん》の乱が発生する。義政自身は、原則傍観の姿勢を貫いた。

戦乱が継続中の文明《ぶんめい》五年（一四七三）に義尚に将軍職を譲る。東山《ひがしやま》山荘の造営に執心し、剃髪得度《ていはつとくど》したが、政務を義尚には完全に移行させず、延徳《えんとく》元年（一四八九）に義尚が病没すると、再び政務の中心となる。翌年亡くなった。

足利義視《あしかがよしみ》（一四三九〜一四九一）

室町幕府六代将軍足利義教《よしのり》の十男。嘉吉《かきつ》三年（一四四三）

に浄土寺《じょうどじ》に入り、義尋《ぎじん》と称する。兄義政に継嗣が無く、寛《かん》正《しょう》五年（一四六四）に還俗《げんぞく》し名を義視と改める。

しかし、翌年の義政の実子義《よし》尚《ひさ》の誕生で立場が微妙なものとなる。伊勢貞親《いせさだちか》の讒訴《ざんそ》で立場が危うくなると、細川勝元《ほそかわかつもと》に接近した。応仁《おうにん》の乱発生時も、当初は細川勝元のもとにあったが、義政が失脚していた伊勢貞親を呼び戻すと、北畠教具《きたばたけのりとも》を頼り伊勢へ逃れる。その後義政の招きに応じて京へ戻り、細川勝元の陣に入ったが、義政が再び伊勢貞親を重用する姿勢を見せると、今度は比叡山《ひえいざん》を経由して山《やま》名宗全《なそうぜん》のもとに逃れ、西幕府の中心として義政と対立した。

応仁の乱が収束への傾向を見せ始めると、土岐成頼《ときしげより》に従い美《み》濃《の》へ下った。義政との和解成立後も美濃にあったが、長享《ちょうきょう》三年（一四八九）の義尚の死去にともない上洛。翌年の義政没後は、子の義材《よしき》がその後継となり、義視は「大御所《おおごしょ》」と呼ばれた。しかし延徳三年（一四九一）に病により死去。

足利義尚《あしかがよしひさ》（一四六五〜一四八九）

室町幕府九代将軍。八代将軍義政《よしまさ》の二男。日野富子《ひのとみこ》を母として生まれ、応仁《おうにん》の乱の最中の文《ぶん》明《めい》五年（一四七三）に将軍位に就く。学者一条兼良《いちじょうかねよし》に政道を諮《はか》りながら、寺社領保護の姿勢を示すなど政務に積極的だったが、父義政が引き続き政治に関与し続けたため、将軍としての権威を発揮する機会を得なかった。

長享《ちょうきょう》元年（一四八七）九月、寺社本所領を侵した六角《ろっかく》氏討伐にみずから出向き、およそ一年半にわたり在陣。幕府の威信回復を目指したが戦果に乏しく、酒色に溺れて、長享《ちょうきょう》三年に近江鈎《おうみまがり》の陣中で没した。

日野富子《ひのとみこ》（一四四〇～一四九六）

日野重政《ひのしげまさ》の娘。康正《こうしょう》元年（一四五五）、十六歳の時に足利《あしかが》義政《よしまさ》に嫁ぐ。長禄《ちょうろく》三年（一四五九）男児を授かったがすぐに他界し、調伏《ちょうぶく》を行ったとして、今《いま》参局《まいりのつぼね》（義政乳母《うば》）を近江《おうみ》に追放した。その後しばらく男児がなく、寛正《かんしょう》五年（一四六四）、義政は弟の義視《よしみ》を後継とするが、翌年に富子は義尚を授かる。

応仁の乱の最中には、ますます政務への意欲を失う義政に代わって、義尚の後ろ盾として政務の中心となる。また、自身に集中させた富で窮乏する幕府財政を補填《ほてん》し、朝廷の諸行事への資金援助や、寺社への寄進《きしん》を行った。

長享《ちょうきょう》三年（一四八九）に子の義尚、翌年に夫の義政を失うと、剃髪《ていはつ》し尼となったが、影響力を保持し続けた。妹の子（甥）の義材《よしき》を義尚の後継に据えたが、やがて対立。明応《めいおう》二年（一四九三）、義材の河内《かわち》出陣中に細川政元《ほそかわまさもと》とクーデターを起こし（明応の政変）、義政の兄の子足利義澄《よしずみ》を十一代将軍とした。明応五年（一四九六）死去。

細川勝元《ほそかわかつもと》（一四三〇～一四七三）

守護大名細川持之《ほそかわもちゆき》の嫡男。嘉吉《かきつ》二年（一四四二）、父の死により家督を継承。青年期は叔父細川持賢《もちかた》の後見を受けながら、三期、二十年以上の長きにわたり管領《かんれい》を務め、幕政に確たる影響力をもった。勝元は一族で九ヶ国の守護職を保持し、八ヶ国の守護職をもつ山名宗全《やまなそうぜん》とは微妙な関係にあったが、勝元が山名宗全の養女を妻に迎えることで、協調関係が維持されていた。

しかしその影響力ゆえに、畠《はたけ》山《やま》氏、斯波《しば》氏の家督争いなどに介入して宗全との対立関係が深まり、応仁《おうにん》元年（一四六七）の応仁の乱では東西の両極となって激しく争った。文明《ぶんめい》五年（一四七三）五月、戦局の収束を見ぬままに、山名宗全の死後わずか二ヶ月で他界した。

山名宗全《やまなそうぜん》（一四〇四～一四七三）

守護大名山名時熙《やまなときひろ》の三男。長兄満時《みつとき》の死去および、次兄持熙《もちひろ》の廃嫡により永享《えいきょう》五年（一四三三）に家督を継ぐ。嘉吉《かきつ》元年（一四四一）、六代将軍足利義教《あしかがよしのり》が暗殺された嘉吉の乱で、首謀者赤松満祐《あかまつみつすけ》の鎮圧に功績を挙げて、その旧領を獲得。一時赤松氏の処遇をめぐり、将軍足利義政と対立して但馬《たじま》へ下ったが、その後復帰を果たして娘婿の細川勝元《ほそかわかつもと》とともに幕政に影響力をもった。

勝元との対立関係が鮮明になると、応仁《おうにん》元年（一四六七）の上御霊《かみごりょう》の戦いを機に、大内政弘《おおうちまさひろ》らと共闘して西軍を率いる立場となる。さらに足利義政と対立した足利義視《よしみ》を擁立して、実質的な「西幕府」を主導したが、すでに老齢の宗全は決定的な戦果を挙げることができず、文明《ぶんめい》五年（一四七三）に七十歳で病没した。

畠山義就《はたけやまよしひろ》（一四三七？～一四九一）

守護大名畠山持国《はたけやまもちくに》の庶子。母の身分が低かったため僧になる予定だったが、十二歳の時に突然持国が後継の地位に据えた。それまで後継とされていた持国の弟持富《もちとみ》が宝徳《ほうとく》四年（一四五二）に亡くなると、畠山氏の家臣の一部は持富の遺児・政久《まさひさ》（弥三郎《やさぶろう》）を擁立し、義就に対抗した。細川勝元《ほそかわかつもと》、山名宗全《やまなそうぜん》の支持を得た政久に一時京を追われるが、のちに政久を京から追放し、享徳《きょうとく》四年（一四五五）の父の死後、家督を継承。将軍足《あし》利義政《かがよしまさ》もこれを容認した。

　その後、勝手な軍事行動などで義政の不興を買う。この間、政久は長禄《ちょうろく》三年（一四五九）に亡くなったが、政久支持派はその弟政長《まさなが》を擁立し、幕府も義就に政長への家督移譲を命じた。義就は大和《やまと》国吉野《よしの》に逼塞《ひっそく》していたが、のちに赦免され、細川勝元と対立しつつあった山名宗全の支持を得て勢力を回復。政長は管領《かんれい》から罷免されたが、家督は政長のもとにあり、両派の遺恨は収まらず、応仁の乱の契機となった上御霊《かみごりょう》の戦いを引き起こした。

　戦闘に優れた義就は西軍の主力として活躍し、応仁の乱終結後も、政長と河内《かわち》・大和国などの所領の支配をめぐり対立した。延々と続いた両派の戦いは収束することなく、義就は延徳《えんとく》二年（一四九一）に死去した。

畠山政長《はたけやままさなが》（一四四二〜一四九三）

畠山持富《はたけやまもちとみ》の子。長禄《ちょうろく》三年（一四五九）の兄政長《まさなが》（弥三郎《やさぶろう》）の死後、政長支持派に擁立されて、従兄の畠山義就《よしひろ》と激しく対立。寛正《かんしょう》元年（一四六〇）の義就失脚後に幕政に加わり、寛正五年には細川勝元《ほそかわかつもと》から管領《かんれい》の地位を継いだ。その後、義就が山名宗全《やまなそうぜん》らの支持で復権すると管領を罷免され、抗争は激化した。上御霊《かみごりょう》の戦いで敗れた後、東軍側に参戦。義就と対照的に捗々しい戦歴はなく、戦後も領国の実効支配を行う義就に対して後手にまわった。

　その後の幕政ではたびたび管領を担ったが、政権は日野富子《ひのとみこ》のもとにあり、明応《めいおう》二年（一四九三）には、十代将軍足利義材《あしかがよしき》を擁して義就の子義豊《よしとよ》を攻撃中に、明応の政変が発生して孤立。河内《かわち》国の正覚寺城《しょうがくじじょう》に籠城するが、自害に追い込まれた。

大内政弘《おおうちまさひろ》（一四四六〜一四九五）

守護大名大内教弘《おおうちのりひろ》の子。母は山名宗全《やまなそうぜん》の養女。寛正《かんしょう》六年（一四六五）、父教弘の死により家督を継ぐ。中国地方・九州北部の国々を領有し、日明《にちみん》貿易をめぐっては、畿内を領有する細《ほそ》川勝元《かわかつもと》と対立した。応仁《おうにん》の乱では兵一万を擁して西軍の主力を担い、山名宗全死後は足利義視《あしかがよしみ》を自邸に招いて西軍の中枢であり続けた。

文明《ぶんめい》八年（一四七六）に足利義政《よしまさ》の和睦要請を受諾、翌年京都から引き揚げた。日明貿易による経済力を背景に強勢を誇り、第十代将軍足利義材《よしき》（義《よし》稙《たね》）の六角《ろっかく》氏討伐でも、大軍を率いて上京した。文化面での素養も深く、領国周防の中核都市・山口《やまぐち》は、文化的に大いに発展した。

土岐成頼《ときしげより》（一四四二〜一四九七）

美濃《みの》の守護大名土岐持益《ときもちます》の養子。一色《いっしき》氏の出とされるが異説もある。土岐持益の嫡子持兼《もちかね》が早世すると、権勢で持益を凌ぐ守護代《しゅごだい》の斎藤利永《さいとうとしなが》が、成頼を土岐氏の後継に据えた。応仁《おうにん》の乱では兵八〇〇〇を率いて西軍に参加。領国の美濃は、斎藤利永の弟斎藤妙椿《みょうちん》が運営し、先代同様成頼を凌駕する権勢を誇っていた。

文明《ぶんめい》九年（一四七七）、成頼は妙椿の進言に従い、足利義《あしかがよし》視《み》・義材《よしき》父子を保護して美濃へ帰国。義視父子を革手《かわて》城に十年以上保護した。のちに後継者問題で、妙椿の養子妙純《みょうじゅん》と対立して敗れ、明応《めいおう》四年（一四九五）に家督を嫡男の頼継《よりつぐ》（政《まさ》房《ふさ》）に譲った。明応六年（一四九七）死去。

応仁の乱 関連年表

年号	西暦	室町中期の戦闘関連の出来事	その他の出来事
応永七年	一四〇〇	今川貞世追討を足利義満が上杉憲定に命じる 反乱を起こした伊達政宗ら討伐のため、奥州探題足利満貞が結城満朝の軍勢を徴用する	関東静謐の祈禱が北山第などで執り行われる
応永八年	一四〇一	薩摩守護の島津伊久、同族の島津元久らを千町田間で打ち破る	足利義満が遣明使のための書状を起こす
応永九年	一四〇二	伊達政宗、陸奥赤館で上杉氏憲に敗れる	今川貞世が『難太平記』を著述する 世阿弥が『風姿花伝』を著述する 遣明使祖阿らが明使を伴い帰国する。足利義満、摂津兵庫で明船を見物する
応永十年	一四〇三	南朝残党脇屋義則（新田相模守）が鎌倉府により箱根底倉で討たれる	
応永十一年	一四〇四	島津伊久と元久、足利義満の使者朝山師綱の仲介で和睦する。元久、日向・大隅守護職を安堵される	興福寺・春日社造営料所兵庫・河上諸関の国料船および過書船の特権が、足利義満に停止させられる 山城守護高師英が幕府の命で淀大渡橋を修築する
応永十二年	一四〇五	南朝方で活躍し北朝と和睦後も幕府に従順しなかった菊池武朝、足利義満の命を受けた渋川満頼・阿蘇惟村らの攻撃を受ける	
応永十三年	一四〇六	大和の十市遠重、幕府軍の畠山満家らの攻撃を受ける	足利義満正室日野康子が准母となる
応永十四年	一四〇七	薩摩守護島津伊久が平佐城で死去する。これを受け島津元久が平佐城を奪取する	日野康子に女院号宣下がなされ北山院となる 代官の苛政のため、丹波大山荘の百姓が逃散する
応永十五年	一四〇八	大和の国人筒井順覚と箸尾為妙の争いを幕府が調停する	足利義嗣、親王に準じた格式で宮中にて元服する 足利義満が死去する

応永十六年	一四〇九		足利満兼が死去する。鎌倉公方はその子持氏が継ぐ
応永十七年	一四一〇		天龍寺、京五山一位に復帰する
応永十八年	一四一一		播磨守護赤松義則、播磨の佐用と中津川の百姓による違法な荏胡麻商売を禁じる
応永十九年	一四一二	日向の伊東祐安が曽井氏を攻撃する。島津久豊、曽井氏救援のため高城へ派兵する	後小松天皇が称光天皇に譲位し、院政を始める
応永二十年	一四一三	陸奥の伊達持宗らが鎌倉府に造反との報が鎌倉公方に届く。足利持氏、畠山国詮に伊達追討を命じる	
応永二十一年	一四一四	伊勢の北畠満雅、幕府に造反し挙兵する	大和の住人が幕府により京に招集され、私戦停止の誓いを立てる
応永二十二年	一四一五	北畠満雅、唐橋入道を攻める 幕府から土岐持益・京極持光・一色義範らに北畠満雅追討が命ぜられる 幕府軍と北畠満雅が説成親王の仲介で和睦する 足利持氏の叔父満隆と上杉禅秀、持氏への造反を企てる	上杉氏憲（禅秀）が関東管領を辞任する 延暦寺が近江守護六角満高を訴える強訴を行う。幕府、即日訴えを裁許する
応永二十三年	一四一六	上杉禅秀の乱が起こり、足利満隆と上杉禅秀が鎌倉府を攻撃する 足利持氏、上杉禅秀らの攻撃で鎌倉から逃れる	上杉禅秀の乱関与が疑われる足利義嗣、京から脱出する。幕府は義嗣を捕らえ出家させる
応永二十四年	一四一七	今川範政ら足利持氏方軍勢に攻められた上杉禅秀ら、鎌倉で自害する 上杉禅秀方の武田信満、上杉憲宗軍に攻撃され、甲斐木賊山で自害する	山城国醍醐・山科の住民が抗争を起こし、幕府が出兵する
応永二十五年	一四一八	公家の山科教高ら、足利義嗣への加担を疑われ幕府に殺害される	足利義嗣が幕府により殺害される

年号	西暦	室町中期の戦闘関連の出来事	その他の出来事
応永二十六年	一四一九	応永の外寇が起こり、李氏朝鮮軍が対馬を攻撃する 足利持氏、上杉禅秀残党を攻撃する	山門条々規式十五ヶ条が制定される 京において北野麹座の麹製造・販売の独占が幕府に認められる
応永二十七年	一四二〇	足利持氏、上杉禅秀遺児を小山満康に捕らえさせる	広橋兼宣らが足利義持の命で閉居させられる
応永二十八年	一四二一	常陸の額田義亮が鎌倉府に造反する。足利持氏、二階堂行光らに義亮を攻めさせる	幕府、諸大名に京の貧民救済事業を行わせる
応永二十九年	一四二二	常陸の京都扶持衆小栗満重が鎌倉府に造反する。足利持氏、上杉重方にこの対応を命じる 常陸の京都扶持衆佐竹与義が鎌倉府に造反する。足利持氏、上杉房実にこの対応を命じる	称名寺修造料捻出のため、長尾忠政が六浦荘内常福寺門前に関を設置する
応永三十年	一四二三	足利持氏が小栗城を攻め、小栗満重を自害させる 小栗満重追討を責め、幕府が今川範政に足利持氏追討を命じる	足利義量が室町幕府将軍となる 前将軍足利義持、出家する
応永三十一年	一四二四	足利持氏が足利義持に謝罪し、幕府の鎌倉府追討が見送られる	石清水八幡宮の神人、幕府に新座の停止を強訴する 世阿弥、『花鏡』を著述する
応永三十二年	一四二五	大内盛見、幕府に反抗する少弐満貞との戦闘に勝利する	足利義量、死去する。将軍位空位のまま義持が幕政を執る 足利持氏、足利義持の猶子となることを請う
応永三十三年	一四二六	甲斐の武田信長、足利持氏勢の一色時家に攻められ、降伏する	
応永三十四年	一四二七	赤松満祐、領国播磨が没収され赤松持貞へ与えられるとの報に接し、領国に帰国し造反準備を図る 足利義持、赤松満祐追討令を出す。一色義貫、これを拒否する 赤松満祐、足利義持に謝罪し、赦免される	

正長元年	一四二八	足利義教の将軍就任に反抗する足利持氏、挙兵を図るが上杉憲実に制止される 伊勢守護土岐持頼らと交戦の北畠満雅が敗死する	足利義持、死去する。くじ引きで後継者に足利義教が選ばれ、将軍となる 山城国などで農民が酒屋・土倉などを襲撃し、正長の土一揆が起こる 播磨矢野荘で土一揆が起こる
永享元年	一四二九	足利持氏、白河結城氏を攻める。足利義教、葦名・伊達氏らに白河結城氏救援を命じる 土岐持頼、北畠満雅の子教具を攻める	播磨守護赤松満祐、土一揆対策のため帰国する 大和国で土一揆が起こり、興福寺衆徒と戦闘となる
永享二年	一四三〇	足利義教、足利持氏追討を図るが、幕府諸将に制止される	幕府、酒屋・土倉の制を定める
永享三年	一四三一	筑前国で大友持直・少弐満貞らと交戦の大内盛見が敗死する 大和国で筒井氏と箸尾氏が戦闘となる	
永享四年	一四三二	豊前国で大内持世と大友親雄が戦闘となる 筒井氏が箸尾・越智氏らと交戦し、大敗する	伊勢国で土一揆が起こる 大和国で土一揆が起こり、奈良市中に乱入する 筒井氏救援に赴いた赤松義雅ら、箸尾城攻めの帰路土民に襲撃される
永享五年	一四三三	幕府追討軍の大内持世と交戦の少弐満貞が敗死する	近江草津の馬借一揆が、居合わせた信濃守護小笠原政康を襲撃する
永享六年	一四三四	少弐一族の横岳頼房と交戦の九州探題渋川満直が敗死する	今川範忠が足利持氏の反意を幕府に報じる。幕府、上杉憲実にこれを制止させる
永享七年	一四三五	大内持世、大友持直らと交戦し勝利する	幕府、紀伊高野山領の段銭・臨時課役を免除する
永享八年	一四三六	幕府が京極持高に大内持世支援を命じる	
永享九年	一四三七	九州をほぼ平定した大内持世が周防国に帰国する 足利持氏の上杉憲実誅殺の噂が生じ、憲実が相模藤沢に退去し関東管領を辞任する 足利持氏、上杉憲実を慰撫し、憲実が関東管領に復職する	

年号	西暦	室町中期の戦闘関連の出来事	その他の出来事
永享十年	一四三八	足利持氏と確執の残る上杉憲実が鎌倉を退去し上野国へ出る。持氏、憲実追討の兵を挙げる 足利義教、足利持氏追討の幕府軍を派遣し、永享の乱が起こる 各地で敗戦した足利持氏が降伏し、出家する	
永享十一年	一四三九	足利持氏ら、自害する	下野国の足利学校を領主上杉憲実が修造する
永享十二年	一四四〇	足利持氏遺児を擁立した結城氏朝が下総結城城で挙兵し結城合戦が起こる	
嘉吉元年	一四四一	上杉清方・今川範忠・小笠原政康らの幕府軍が結城城を攻囲する 結城城が攻め落とされ、結城氏朝らが敗死する 赤松満祐の子教康、足利義教を殺害する（嘉吉の乱）。満祐・教康は播磨に帰国する 山名持豊（宗全）らが播磨を攻め、赤松満祐が自害する	京周辺で土一揆が起こる（嘉吉の一揆）
嘉吉二年	一四四二		足利義勝が室町幕府将軍となる
嘉吉三年	一四四三	富樫教家と富樫泰高が加賀守護職をめぐり争う 南朝残党尊秀王らが日野有光と謀り内裏を襲撃し、神剣・神璽などを奪う（禁闕の変）	足利義勝が死去し、弟義政が後継者に選出される 対馬の宗貞盛が李氏朝鮮と嘉吉条約を結び、朝鮮貿易の独占を図る
文安元年	一四四四	南朝残党円胤が紀伊国で挙兵する 播磨三郡守護職が赤松満政から山名宗全に移される。満政は播磨へ行き、割拠の体を見せる	近江坂本の馬借が、妙法院門主改易を求め強訴する
文安二年	一四四五	山名宗全・赤松持家らと交戦の赤松満政が敗死する 近江守護六角家の抗争で当主六角持綱が弟時綱に攻められ自害する	

文安三年	一四四六	六角時綱が京極持清・六角久頼に攻められ自害する 富樫教家と富樫泰高が交戦する	
文安四年	一四四七	幕府が、富樫教家の子成春と富樫泰高をそれぞれ加賀半国の守護とする	大和国で馬借一揆が起こり、奈良市中に乱入する
宝徳元年	一四四九		上杉房定らの運動で、足利持氏遺児の成氏による鎌倉府再興が許可される 足利義政が元服し、室町幕府将軍に就任する
宝徳二年	一四五〇	上杉憲忠の臣長尾景仲ら、足利成氏を襲撃する。鎌倉から逃れた成氏と景仲、江ノ島で交戦する 足利成氏と上杉憲忠・長尾景仲の和睦が図られる	細川勝元が龍安寺を創建する
享徳三年	一四五四	畠山義就、一族の畠山弥三郎勢に襲撃され京を逃れる。同年足利義政の支持を得た義就が京に帰還し、弥三郎は逃亡する 足利成氏が上杉憲忠を殺害する（享徳の乱始まる）	播磨矢野荘で土一揆が起こる 山城国で土一揆が起こり、幕府が徳政令を出す（分一徳政令）
康正元年	一四五五	上杉憲忠弟房顕、幕府から関東管領就任・足利成氏追討を命じられる 幕府軍に鎌倉を奪われた足利成氏、下総古河へ本拠を移す	足利義政と日野富子が結婚する
康正二年	一四五六	足利成氏、千葉自胤の下総市川城を攻め落とす	近江国で土一揆が起こる
長禄元年	一四五七	嘉吉の乱で取り潰しとなった赤松氏遺臣が吉野を攻め、禁闕の変で奪われた神璽を奪還する。南朝残党、赤松遺臣を襲い神璽を奪い返す	太田道灌が江戸城を築城する 足利義政、弟政知を鎌倉公方として関東へ派遣する
長禄二年	一四五八	小笠原光康が幕府の命で、足利成氏を攻める岩松尚純に助力する 赤松遺臣、南朝残党を討ち果たし神璽を取り戻す。この功で赤松氏再興が幕府に認められ、赤松政則が加賀半国守護となる	足利政知、足利成氏の勢力に押され鎌倉入りが叶わず、伊豆国堀越に留まる

年号	西暦	室町中期の戦闘関連の出来事	その他の出来事
長禄三年	一四五九	足利成氏と上杉房顕、武蔵五十子で対陣する	長禄の飢饉が起こる
寛正元年	一四六〇	畠山義就、足利義政の命で弥三郎弟政長に家督を奪われ、河内国へ退去する。細川成之ら幕府軍が義就の河内嶽山城を攻める	
寛正二年	一四六一		寛正の大飢饉が起こる
寛正四年	一四六三	畠山義就、嶽山城を攻め落とされ、紀伊国へ逃れる	
寛正五年	一四六四	伊予守護河野通春、対立する細川勝元の軍と交戦する	畠山政長が管領に就任する 足利義政弟義尋が還俗し足利義視と名乗る
寛正六年	一四六五	山名宗全の支持を得た畠山義就が挙兵する	足利義政と日野富子の子義尚が生まれる
文正元年	一四六六	足利義視造反の噂が流れ、義視は細川勝元を頼る 大和や河内で戦闘に勝利した畠山義就、京に帰還し畠山政長を管領から退かせる	京および大和国で土一揆が起こる 近江坂本で馬借一揆が起こり、京に乱入する
応仁元年	一四六七	京の上御霊神社で畠山義就と畠山政長が交戦する（御霊合戦） 山名宗全（西軍）と細川勝元（東軍）、それぞれ味方の諸将を京に集める。京市中で両軍が交戦（上京の戦い）し、応仁の乱が始まる 細川勝元と対立する大内政弘、西軍山名宗全に加勢のため挙兵、上洛する 西軍が室町第および細川勝元邸を攻撃する	祇園会が中止される
応仁二年	一四六八	東軍が京の船岡山城を攻め落とす 京を逃れていた足利義視が東軍に帰陣する 足利義視、再度京から逃れる。義視、西軍から新将軍として迎えられ、西軍に味方する	

文明元年	一四六九	東軍山名是豊が西軍大内政弘に摂津兵庫で交戦し勝利する	足利義政が子義尚を後継者に選出する 備中新見荘で土一揆が起こる
文明二年	一四七〇	西軍大内政弘が山城国南部を制圧する	
文明三年	一四七一	西軍朝倉孝景（敏景）が東軍に転じる 長尾景信が足利成氏本拠古河城を攻め落とす	東常縁が飯尾宗祇に古今伝授を行う
文明四年	一四七二	足利成氏、古河城を奪還する	
文明五年	一四七三		山名宗全が死去する 細川勝元が死去する 足利義尚が室町幕府将軍となる
文明六年	一四七四	山名宗全の子政豊と細川勝元の子政元が講和を結ぶ 山名政豊が大内政弘・畠山義就らと交戦し勝利する	
文明七年	一四七五		室町第で応仁の乱勃発後初めて四方拝・平座が行われる
文明八年	一四七六	足利義政、大内政弘に東西両陣営の和睦斡旋を依頼する	
文明九年	一四七七	土岐成頼が足利義視を伴い領国の美濃へ帰還する 大内政弘が領国の周防へ帰還する	大内政弘、周防・長門・筑前・豊前守護職を幕府から安堵される

著者紹介

垣根涼介

かきね・りょうすけ／作家。1966年生まれ。筑波大学卒業。サラリーマン経験を経て作家に。『午前三時のルースター』でサントリーミステリー大賞・読者賞をダブル受賞。『ワイルド・ソウル』で大藪春彦賞、吉川英治文学新人賞、日本推理作家協会賞を受賞し、史上初の三冠受賞。『君たちに明日はない』で山本周五郎賞を受賞。『極楽征夷大将軍』で直木賞を受賞。主な歴史小説の著書に『光秀の定理』『室町無頼』『信長の原理』などがある。

呉座勇一

ござ・ゆういち／国際日本文化研究センター助教(専任教員)。信州大学特任助教。1980年生まれ。東京大学大学院博士課程単位取得退学。博士(文学)(東京大学)。著書『応仁の乱　戦国時代を生んだ大乱』がベストセラーとなる。『戦争の日本中世史―「下剋上」は本当にあったのか―』で角川財団学芸賞を受賞。主な著書に『一揆の原理　日本中世の一揆から現代のSNSまで』『頼朝と義時　武家政権の誕生』『動乱の日本戦国史　桶狭間の戦いから関ヶ原の戦いまで』『日本史 敗者の条件』などがある。

早島大祐

はやしま・だいすけ／関西学院大学教授。1971年生まれ。京都大学大学院博士後期課程指導認定退学。京都女子大学教授を経て現職。文学博士(京都大学)。主な著書に『室町幕府論』『足利義満と京都』『足軽の誕生　室町時代の光と影』『明智光秀　牢人医師はなぜ謀反人となったのか』などがある。

家永遵嗣

いえなが・じゅんじ／学習院大学教授。1957年生まれ。東京大学大学院博士課程単位取得退学。成城大学短期大学部助教授などを経て現職。博士(文学)(東京大学)。主な共著に『中世の法と政治』『室町政権の首府構想と京都』などが、主な論文に「足利義満・義持と崇賢門院」「再論・軍記『応仁記』と応仁の乱」「足利義視と文正元年の政変」などがある。

本書所収の以下の記事は、
別冊宝島2570号『新説 応仁の乱』（2017年5月17日発行）からの再録です。

序章 ダイジェスト応仁の乱
第1章 応仁の乱から現代を照射する
第3章 歴史研究と歴史小説の接点とは
第5章 室町時代の東西対立構造と応仁の乱

編集協力／三猿舎
本文デザイン・DTP／川瀬 誠

宝島社新書

室町アンダーワールド
（むろまちあんだーわーるど）

2025年2月11日　第1刷発行

著　　者　垣根涼介　呉座勇一　早島大祐　家永遵嗣
発 行 人　関川 誠
発 行 所　株式会社宝島社
〒102-8388 東京都千代田区一番町25番地
電話・編集　03-3239-0928
営業　03-3234-4621
https://tkj.jp
印刷・製本　中央精版印刷株式会社

Printed in Japan
ISBN 978-4-299-06310-6